最受欢迎的德国幼儿游戏

赶走愤怒的游戏

［德］佩德拉·施塔莫尔 – 勃兰特　著

［德］克劳斯·普特　绘

尹倩　译

适用于幼儿园、托幼机构和小·学

中国农业出版社

最受欢迎的德国幼儿游戏

赶走愤怒的游戏

[德]佩德拉·施塔莫尔 – 勃兰特 著

[德]克劳斯·普特 绘

尹倩 译

适用于幼儿园、托幼机构和小·学

前 言

学会对待愤怒

原本，里昂和迈克在院子里开心地骑车游戏。突然间，传来了一声尖叫——里昂出乎意料地撞向了麦克。最近，他频频出现类似的攻击行为。

为了阻止这种行为，幼儿园老师和里昂的父母讨论了诱发孩子怒火的各种原因。虽然，里昂的父母也十分为儿子的行为担忧，但是，他们首先要做的是试着去理解里昂的行为。他们知道，和其他情绪一样，愤怒也是生活的一部分。所以里昂不能、也无法完全消除愤怒的情绪。但是，他必须学会对待愤怒，为愤怒找到一个合适的发泄渠道，并遵守相关的规定。在这个过程中，老师和家长必须成为孩子的支持者。

为了帮助里昂，孩子的照料者要共同寻找解决方法，制定出一套应对危机的"战略"。这套"战略"必须顾及孩子的需求和长处，同时也需要顾及孩子所能承受的极限。

攻击行为的原因多种多样

导致攻击行为的原因很多，最常见的是愿望没有得到满足孩子出现的失望的情绪、孩子对自己的不幸遭遇感到愤怒或他人给孩子造成了伤害（比如被侮辱或被歧视）。另外，被拒绝、被惩罚、未得到足够的重视，以及他人的斥责也可能引发孩子的愤怒。研究结果清楚地表明，孩子主要会在幼儿园以及小学阶段表现出频发的攻击行为。这个年龄段的孩子很多都放肆调皮，极度不能适应环境，甚至试图通过刁难、殴打、勒索和破坏来获取缺失的认可。他们心目中的英雄大多都野蛮粗暴，使用武器和武力来解决冲突。

孩子需要正面的榜样，他们能为孩子展示什么是真正强大的人

格。孩子会按照自己的需求和凭借自己的感觉来模仿成年人，同时他们也需要成年人给予关注和认可。

缺乏肢体活动，是另一个让孩子表现得愤怒且出现攻击行为的重要原因。如今，孩子们的生活缺乏真正的冒险，缺乏活动的空间和时间。多数的儿童房面积都很小，而且经常被过多的玩具侵占。孩子在马路上或游戏场上做游戏也备受局限。现在，许多孩子的日程满满当当，自由活动和游戏的时间少得可怜。

渴望游戏、运动和冒险是所有孩子的基本需求。因此，特别要注意的是在托儿所、幼儿园和小学中，教育者在孩子散步、郊游、自由活动和休息时要为他们提供丰富的活动机会，以及充足的体验生活和嬉闹玩耍的时间。

孩子需要一个阀门，来释放集聚的怒气和能量。您也可以和孩子的父母在家长会等家园合作时间谈论这个话题。

该怎么做？

虽然条件有限，但是您还有很多事情可以做，这些干预策略使孩子们学会合理地对待愤怒的情绪。为了改善孩子们缺乏运动的现状，您可以为孩子们创造许多形式多样、好玩又有趣的游戏。无论是在室内、在院子里或是室外，您可以和孩子们一起游戏和运动。您也可以和孩子们外出郊游、参观动物园或去运动场锻炼，和孩子们一起活动并向他们发出挑战，孩子们非常喜欢来自成人的挑战，同时，给孩子们创造合适的机会也非常重要。

您要看到孩子们特别的能力——尤其是那些具有攻击倾向的孩子。您要尊重他们、表扬他们，挖掘他们身上的优点。同时，您也必须让孩子们学着遵守规则、分清界限和解决冲突。所有的这些，您都可以通过本书中的游戏来实现。

在本书中，您将发现许多赶走愤怒的游戏，这些游戏对于孩子来说好比是抒发淤积情绪和正确处理愤怒的阀门。游戏中列出的游戏时长只是一个建议值，您可以观察孩子们的表现，然后根据孩子们的需求决定游戏时间。这些游戏能帮助孩子预防攻击行为、抵制愤怒及类似情绪。如果方便，也请您随时携带照相机，将游戏过程和每个孩子的成长变化记录下来。

本书的目标读者是谁？

• 本书主要的目标读者是幼儿教育工作者、小学教师和社会教育学家。家长也可以为孩子选择本书中的许多游戏。

• 书中的建议适用于幼儿园小朋友和小学生（3～10岁）。书中既有需要孩子们合作完成的小组游戏，也有个体游戏。

停止信号

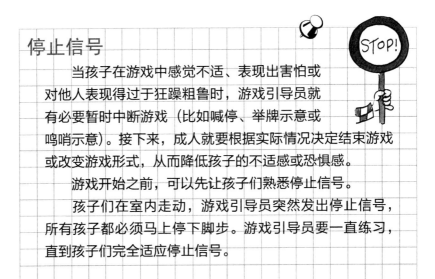

当孩子在游戏中感觉不适、表现出害怕或对他人表现得过于狂躁粗鲁时，游戏引导员就有必要暂时中断游戏（比如喊停、举牌示意或鸣哨示意）。接下来，成人就要根据实际情况决定结束游戏或改变游戏形式，从而降低孩子的不适感或恐惧感。

游戏开始之前，可以先让孩子们熟悉停止信号。

孩子们在室内走动，游戏引导员突然发出停止信号，所有孩子都必须马上停下脚步。游戏引导员要一直练习，直到孩子们完全适应停止信号。

我愿成人和孩子都能在游戏中享受乐趣！亲爱的读者，你们一定会非常乐意与孩子一起体验如何将愤怒转化为正面、积极，又富有创造性的正能量。

佩德拉·施塔莫尔—勃兰特

目 录

前言

让孩子在集体游戏中释放怒气

适用于托儿所、幼儿园和小学的赶走愤怒的游戏

您可以在任何场所鼓励孩子们一起来玩赶走愤怒的游戏，可以是在教室、活动室或健身房这些室内空间，也可以选择场地开阔的户外。这些游戏能为幼儿提供各种各样的活动、发挥孩子们潜在的能力，同时也能激发幼儿共同参与游戏的热情。这些游戏有助于孩子平复心绪、学会对待自己的情绪、与他人保持联系并理解团队精神。这些游戏，还可以帮助孩子消除攻击行为，让孩子放松身心。

踩绳子

年　　龄：4 岁及以上
游戏人数：至少 2 人
游戏时长：大约 10 分钟
游戏材料：每名小朋友一段 30~50 厘米长的绳子、结实的便鞋或运动鞋。
　　　　　游戏的变化形式所需材料：每名小朋友一个气球

　　首先，游戏引导员在室内为游戏腾出空间。接下来，小朋友们要将绳子塞进鞋中，注意，从鞋子的一侧将绳子塞入并踩在脚下。然后，小朋友们全部手背后，只能用脚试着去踩其他孩子脚边的绳子，并尝试将绳子从对方的鞋中"蹭"出来。

　　游戏的变化形式：请将气球绑在幼儿脚踝处。接下来，请小朋友们踩爆这些气球！

扯布条儿

年　　龄：4 岁及以上
游戏人数：至少 2 人
游戏时长：大约 10 分钟
游戏材料：每名小朋友一小块儿布（比如围巾）

　　小朋友们先将布条儿塞到鞋子或袜子里，然后尝试拿掉对方身上的布条儿。在游戏中，所有小朋友都要在地上爬行，同时确保自己的布条儿不被他人扯掉。

请考虑孩子们的想法
　　孩子的想法天马行空,他们很可能会更改多数游戏,也能使游戏随时有新的变化。重复游戏、为游戏制定新的规则,让游戏不断呈现出新的面貌,这些对孩子来说同样也是乐趣无穷。

纸团大战

年　　龄：适合所有年龄段的小朋友
游戏人数：至少 2 人
游戏时长：大约 15 分钟
游戏材料：报纸，锣

先取一些报纸，然后请小朋友们将这些报纸揉成小球，仅仅这一行为就可以给幼儿带来莫大的乐趣、消除他们内心的紧张情绪。当每个参与游戏的小朋友面前都有一堆纸团，游戏引导员就可以宣布游戏开始。此时，小朋友们可以尽情地投掷纸球，直到游戏引导员宣布游戏结束。由于游戏时喧哗声较大，因此游戏引导员应该事先与幼儿约定好结束的信号（比如锣声响起），整个游戏时间以 3 分钟为宜。

障碍通道

年　　龄：4 岁及以上
游戏人数：人数较少的小组
游戏时长：可变不固定
游戏材料：教室中所有的东西

您与小朋友在教室或活动室内搭建一条障碍通道——小朋友们可以将桌子反过来，把布条挂在桌腿上，把椅子改造成隧道，在教室内放置皮球等。这样游戏时，幼儿可以抱起皮球穿越重重障碍。根据教室的大小和室内布置情况，游戏可以有多种变化形式，这些变化能给小朋友们带来无穷的乐趣。游戏引导员还可以用跑表测定小朋友们穿越障碍通道所需的时间，练习得越多，孩子们穿越障碍所需的时间就越短。

搭建活动场所

年　　龄：适合所有年龄段的小朋友
游戏人数：人数较少的小组
游戏时长：可变不固定
游戏材料：积木、木板、方木、梁、汽车轮胎、卡车内胎、长凳、垫子以及活
　　　　　动室或健身房内的所有东西

　　游戏引导员可以带领幼儿在活动室、健身房或院子里搭建游戏场所。如果有合适的材料，引导员也可以做一些更改，为小朋友们提供更多的活动。幼儿可以根据自身年龄，用最简单的建筑材料搭建活动场所。在搭建好的活动场所中，幼儿可以练平衡、玩荡秋千、玩跷跷板、蹦来跳去，秀技巧以及练习身体的灵活性。

　　活动场所的搭建要更尽可能的简单，也可以将简单的材料用不同方式连在一起，如将垫子铺在长凳上，将长凳翻转过来（练平衡），并将长木板搭成跷跷板。搭建好的活动场所能为小朋友们提供多种新奇又好玩的活动，幼儿可以单独使用这些器械，并能在搭建游戏中获得巨大的自我成就。自己搭建活动场所能增加幼儿参与大肌肉运动的积极性。

　　游戏引导员也可以借助特殊的手段扩充活动场所。这样一来，除了荡秋千和玩跷跷板，小朋友们还可以在这里旋转、投球、玩旋转木马等。

鸣号浮标游戏

年　　龄：4 岁及以上
游戏人数：人数较少的小组以及人数较多的小组均可
游戏时长：大约 15 分钟
游戏材料：两块布巾

　　所有小朋友分散站在一个较大的房间内，他们要模仿大海上的鸣号浮标，一名胆大的小朋友则扮演穿越大海航行的轮船。游戏中的场景发生在夜晚，因

此扮演轮船的小朋友要用布巾将眼睛蒙住。现在，他就要从"大洋"的一边向另一边"航行"。在航行的过程中，他不能撞到那些自己看不见的"鸣号浮标"。只要"轮船"靠近了"浮标"，"浮标"就要鸣声。如果还有其他勇敢的孩子想要尝试，那么在第二轮游戏中就可以安排两艘"轮船"在海上航行。这样一来，"轮船"的定位就更加困难了。

　　"轮船"能在不触碰"浮标"的情况下能成功到达目的地吗？如果"轮船"撞坏了，那么只能结束航行。

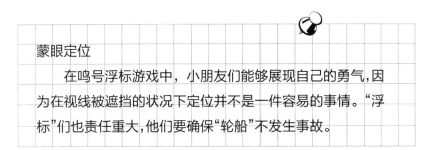

蒙眼定位

　　在鸣号浮标游戏中，小朋友们能够展现自己的勇气，因为在视线被遮挡的状况下定位并不是一件容易的事情。"浮标"们也责任重大，他们要确保"轮船"不发生事故。

赶走愤怒的舞蹈

年　　龄：适合所有年龄段的小朋友
游戏人数：1 名以上
游戏时长：5~10 分钟
游戏材料：风格欢快的音乐（比如《动物狂欢节》）

　　在自由发挥的即兴舞蹈中，小朋友们可以尽情发泄自己的情绪。游戏引导员先选择一首欢快的音乐，比如儿童歌曲、打击乐或古典音乐。引导员也跟着音乐一起动起来，并用自己的情绪感染小朋友们。

　　游戏的变化形式：只要音乐一停，小朋友们就要保持姿势不动。几秒钟后，引导员重新开始播放音乐。

垒球大战

年　　龄：5 岁及以上
游戏人数：人数较少的小组以及人数较多的小组均可
游戏时长：大约 10 分钟
游戏材料：每个小朋友 2 个垒球（编者注，为了避免游戏伤害，可用海绵枕头
　　　　　　替代垒球）

　　首先，游戏引导员将幼儿带入一个大房间，孩子们在房内围成一个大圈，
每人分到两个垒球。游戏开始了，孩子们要把手中的垒球扔向圆圈中央。当最
后一个垒球落入圆圈中央后，孩子们就要快步跑向圆圈中央，抓起一个或两个
垒球，并将它们投向另一个孩子。被垒球击中的幼儿要立即跪在地上，接下来，
如果跪在地上的幼儿能够接住击向自己的垒球，就能获得"重生"——重新参与到
游戏中。游戏引导员也可以和孩子们讨论，看看游戏是否还有其他变化形式。

屁股挨屁股

年　　龄：适合所有年龄段的小朋友
游戏人数：至少 2 人
游戏时长：大约 10 分钟

　　在这个游戏中，孩子们要使用"高难度姿势"在室内走动。游戏引导员的
任务是，向小朋友们发出行走指令：

- 屁股挨屁股，
- 膝盖挨膝盖，
- 脸颊挨脸颊，
- 手肘挨膝盖，
- 后背挨后背，
- 手掌挨膝盖。

　　一个人完成"高难度行走姿势"还是双人配合？孩子们一定还能想出许多
的游戏变化形式。

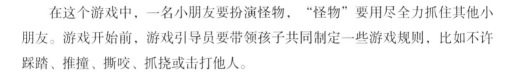

扮演怪物

年　　龄：4 岁及以上
游戏人数：人数较少的小组
游戏时长：大约 15 分钟
游戏材料：许多被子和枕头，再准备一些坐垫

在这个游戏中，一名小朋友要扮演怪物，"怪物"要用尽全力抓住其他小朋友。游戏开始前，游戏引导员要带领孩子共同制定一些游戏规则，比如不许踩踏、推撞、撕咬、抓挠或击打他人。

游戏的变化形式：游戏引导员扮演怪物，而孩子们要共同制服"怪物"，让"怪物"变得驯服温顺。大多数情况下，孩子们都特别喜欢这种变化形式，因为这一游戏给孩子们提供了和游戏引导员身体接触的机会，这让孩子特别享受。当"怪物"四脚朝天地躺在地上无力反抗时，游戏结束。

怪物游戏(一)

年　　龄：4 岁及以上
游戏人数：人数较少的小组
游戏时长：大约 15 分钟

游戏引导员扮演沉睡中的怪物。游戏开始前，游戏引导员要好好考虑，什么窍门能够让自己被唤醒（比如轻挠鼻头、亲吻额头）。为了唤醒"沉睡中的怪物"，孩子们会尝试各种方式。如果其中一个小朋友尝试正确，"怪物"就要跳起来抓住他。接下来，就要由这名小朋友来扮演"怪物"。游戏中的两种角色都会让孩子着迷。

扭打、拉扯、感受自身的力量

　　地面柔软、又有许多枕头和坐垫的地方最适合开展怪物游戏。孩子们喜欢扭打和拉扯,这是一种特别的交流形式。孩子们也能在游戏中认识自己身体的能量,并学会恰当地使用自己的力量,另外,还能考虑到和同伴玩耍时要使用合适的力量。

怪物游戏(二)

年　　龄:4 岁及以上
游戏人数:至少 3 人
游戏时长:大约 15 分钟
游戏材料:椅子

　　一名小朋友站在房间扮演"沉睡的怪物"。"沉睡的怪物"原地站立、睁着眼睛一动不动,但是"怪物"能清楚地看到其他小朋友在干什么。这些小朋友非常勇敢,他们想唤醒怪物。他们尝试用各种恶作剧让怪物醒来:扮鬼脸、做出各种威胁手势等。虽然非常危险,但是"勇敢的"孩子们还是要触摸怪物。一旦怪物被碰到,喊叫声、咒骂声、喧闹声此起彼伏,怪物则要开始去抓扰其美梦的"滋事者"。如果它抓到了一个孩子,这个孩子就要在下一轮游戏中扮演怪物。如果想摆脱怪物的"魔掌",就必须有一个勇敢的孩子爬到椅子上,并站在椅子上大喊"安静下来吧,怪物"。听到这,"怪物"就必须安静下来,然后立刻原地站立,"睁着眼睛"重新睡去。怪物游戏给孩子们带来了适度的紧张感,同时也能让他们在游戏中展现勇气。

怪物游戏（三）

年　　龄：适合所有年龄段的小朋友
游戏人数：至少 3 人
游戏时长：大约 15 分钟

所有小朋友在房间内走来走去，当游戏引导员走到小朋友们身边并大喊"怪物来了"，小朋友们就要迅速消失，把自己藏好。游戏引导员的任务就是把小朋友们都找出来。当孩子们熟悉游戏规则后，也可以来扮演怪物。

情绪游戏

年　　龄：5 岁及以上
游戏人数：至少 6 人
游戏时长：大约 15 分钟

所有小朋友围成一圈，游戏引导员依次来到某个小朋友面前，并表达一种情绪，这名小朋友必须对此做出反应。如果游戏引导员在"哭泣"，那么他也许希望孩子能将他揽入怀中安慰。如果他非常生气，那么他也许希望孩子能默默拉起他的

手，帮助他平静。如果……游戏如此不断重复，当然，游戏中的谈话也是非常重要的，孩子们了解哪些情绪？他们从何辨别某人是否悲伤、高兴或是生气？面对这些情绪，我们应该作何反应？游戏引导员要在游戏中与孩子分享这些话题。

材料激发创造性

　　如果游戏中某一材料占据重要地位,那么这类游戏通常不太需要引导和说明。材料本身就能激发孩子们的运动兴趣、幻想冲动以及创造力。孩子们借助气球、丝巾、沙袋,或者米袋、啤酒杯垫、床单以及报纸就能创造出许多游戏,并能在游戏中充分活动身体。

气球游戏

年　　龄：适合所有年龄段的小朋友
游戏人数：至少 2 人
游戏时长：15~20 分钟
游戏材料：吹好的气球若干,欢快的音乐

用吹起的气球可以玩哪些游戏呢? 下面是一些建议:

• 小朋友们用一个或几个气球即兴游戏;

• 小朋友们用指尖触碰气球,让气球悬在空中不落地;

• 小朋友们用头顶气球,让气球悬在空中不落地;

• 小朋友们用手肘、脚、膝盖或屁股触碰气球;

• 两名小朋友面对面站着,他们将气球(先是一个,后是两个)传给对方,可以扔掷、推碰或用伸平的手掌击打传球;

• 多名小朋友用力击打气球,在此过程中多个气球在空中旋转飞舞。小朋友们要关注空中的气球,确保它们不能落地;

• 小朋友们将气球夹在两腿之间,然后在室内穿行,期间要注意不要让气球落地或爆裂;

• 两名小朋友面对面站在一起,把气球夹在两人中间,然后试着表演一段舞蹈。

抹布游戏

年　　龄：适合所有年龄段的小朋友
游戏人数：至少 2 人
游戏时长：20~30 分钟
游戏材料：每名小朋友一块儿新抹布

游戏引导员可以给孩子们如下建议：

•小朋友们可以将抹布扔向空中，然后用手或头重新接住抹布；

•小朋友们可以将抹布当作头巾围在头上，然后随意地扮演角色；

•小朋友们可以坐在抹布上，然后由其他孩子拉着自己在室内走。

游戏的变化形式：游戏引导员拿来两把椅子当作大门，然后让两名孩子比赛"踢抹布"。在游戏中，孩子们不能用手，也不能相互触碰。

啤酒杯垫游戏

年　　龄：适合所有年龄段的小朋友
游戏人数：至少 2 人
游戏时长：大约 20 分钟
游戏材料：啤酒杯垫若干（每名小朋友至少 10 个）、小塑料桶或纸筐，游戏背景音乐

每个小朋友至少拥有 10 个啤酒杯垫，然后游戏开始。小朋友们先试着伴着音乐玩杯垫，想想看，有什么好的游戏建议？

大约 10 分钟后，游戏引导员可以给出如下游戏建议：

•所有孩子围成一圈，然后将啤酒杯垫扔向圆圈中央。接着，大家快速冲向圆圈中央，尽可能多地捡起杯垫。谁的杯垫最多谁就获胜；

•孩子们将杯垫抛向空中，然后再依次抓住它们；

•向空中抛一个杯垫，然后一边原地旋转，一边试着接住空中降落的杯垫；

- 将杯垫投向对方，并避开对方扔来的杯垫；

- 放一个小桶，然后站在圈外往里面投掷杯垫；

- 孩子们伸开双臂、将杯垫放在胳膊上，然后在房间内走动；

- 孩子们在头顶上叠放几个杯垫，然后从房间的一边走向另一边。游戏有一种更难的变化形式：在运送杯垫的过程中，孩子们相互干扰，但必须确保自己头上的杯垫安然无恙；

- 孩子们像旋转陀螺一样旋转手中的杯垫；

- 孩子们两人一组，其中一人向空中抛掷杯垫，另一人试着接住空中的杯垫；

- 一个孩子躺在地上，另一个孩子将杯垫放在他的身上，越多越好，而躺着的孩子眼睛紧闭一动不动，千万要小心别让杯垫掉落在地。

愤怒的水桶

年　　龄：适合所有年龄段的小朋友
游戏人数：至少 2 人
游戏时长：大约 5~10 分钟
游戏材料：每名小朋友 1 个塑料桶，绳子、铲子、棍子

孩子们需要能够稳定情绪、让自己镇静的游戏。水桶是一个绝好的游戏道具，看看"愤怒的水桶"游戏是多么有趣吧！

- 愤怒的水桶可以当作鼓：孩子们可以用棍子或铲子在倒扣的水桶上随意敲击；

- 两个孩子站在桶边，各自拽紧绳子的一端，绳子的那端分别系在两只桶上。游戏引导员一声令下，两个孩子拖着绳子向前跑，谁的桶先到终点谁就获胜；

- 泄愤水桶：孩子们将头伸进水桶、大声地吼叫，这是一种让孩子释放情绪镇静下来的好方法。

潮涨潮落

年　　龄：适合所有年龄段的小朋友
游戏人数：至少 3 人
游戏时长：大约 5 分钟
游戏材料：椅子、桌子、长凳

　　孩子们在室内散开，游戏引导员要给他们讲一个故事（可以自由发挥，也可以依照下面的建议）。孩子们要通过肢体动作来表现故事中的情节。当故事中出现"退潮"一词时，孩子们就要迅速地坐在地上；当出现"涨潮"一词时，他们就要逃到椅子上、桌子上或长凳上。首先做出反应的小朋友，可以继续讲述故事。

　　故事提示：我们现在在沙滩上游玩。我们手拉手走在沙滩上，所有人都被壮美的沙滩所震撼，大家快乐地向对方扔沙子。现在，沙滩上到处都是刨沙子、跑来跑去、互相打闹的人。我们相互帮忙拍掉对方身上的沙子。突然有人大喊："小心啦，涨潮了！"

枕头大战

年　　龄：4 岁及以上
游戏人数：至少 2 人
游戏时长：大约 10~15 分钟
游戏材料：枕头和垒球若干、锣

　　所有小朋友都要为自己准备足够的"弹药"（比如枕头、垒球），之后听着游戏引导员的命令随心所欲相互投掷。当然非常重要的一点是，引导员要事先要撤离房间内的危险源（比如花瓶、花盆）。5 分钟后锣声响起，这宣告枕头大战游戏结束。

斗牛竞技赛

年　　龄：4 岁及以上
游戏人数：至少 2 人
游戏时长：大约 10 分钟
游戏材料：每组小朋友 1 张垫子

　　游戏引导员要与孩子们约定好谁先来扮演公牛，"公牛"得四脚着地站在垫子上。现在选出"骑士"，"骑士"要骑在公牛身上，并在公牛狂野奔走时还能长时间地骑在公牛背上不落地。野性的"公牛"使劲移动，并试图把背上的"骑士"晃动下来。如果"骑士"被甩下来，两人就要互换角色。在这个游戏中"骑士"和"公牛"都能很好地发泄自己的情绪。

"袜球"游戏

年　　龄：适合所有年龄段的小朋友
游戏人数：至少 2 人
游戏时长：大约 10 分钟

游戏材料："袜球"若干，一些棍子

我们可以动手制作"袜球"，这非常简单，只需要将长筒袜卷起来塞进一只旧的长筒袜中即可。

我们可以用袜球玩很多游戏：

- 用棍子推着袜球在室内来回奔跑；
- 室内搭建一条障碍通道，然后用脚或棍子推着袜球穿过通道；
- 孩子们可以相互扔掷袜球，也可以用身体不同的部位托着袜球来回移动，还可以两人一组玩袜球游戏（就像气球游戏一样）。

在嬉闹中放松心情

　　对孩子而言，枕头大战以及其他嬉闹游戏可以让他们放松心情、消除攻击性。如有可能，请您尽可能为孩子们创造开展这些游戏的空间。您可以和孩子们一起在房间的一角放上床垫及靠垫，这样，在游戏的过程中孩子们就不会轻易受伤。在这种环境中，孩子们也会感到十分放松。

泡沫楼梯

年　　龄：适合所有年龄段的小朋友
游戏人数：1~4 人
游戏时长：大约 5~10 分钟
游戏材料：泡沫垫（也可以用床垫或大靠枕代替）

　　首先，游戏引导员和孩子可以用泡沫垫搭建一段楼梯。接下来，孩子们可以尝试在泡沫楼梯上玩耍：滑行、奔跑、爬行、打滚，也许还可以倒行，甚至还可以坐在垫子上从泡沫楼梯上滑下去，就像滑雪一样。在此过程中，游戏引导员要做的就是让孩子们尽情地尝试。用泡沫搭建楼梯是一个大挑战，孩子们非常乐于参与其中，也非常愿意参与由此开始的一系列游戏。

鞋子 "沙拉"

年　　龄：6 岁及以上
游戏人数：至少 6 人
游戏时长：大约 10~15 分钟
游戏材料：几块儿枕巾、居家便鞋

所有小朋友脱掉鞋子，并把它们放在地板中间的枕巾上。首先，游戏引导员要将小朋友们的鞋子打乱，然后所有孩子靠墙站立，与枕巾同样远。游戏引导员一声令下，孩子们就要冲向枕巾，找到自己的鞋子并穿上。谁能最先完成任务呢？

床单游戏

年　　龄：4 岁及以上
游戏人数：人数较少的小组以及人数较多的小组均可
游戏时长：大约 10 分钟
游戏材料：1 个大号床单

两个年龄较大的小朋友将床单拉紧，与肩同高。
游戏引导员来告诉大家，谁要钻到床单下面去，比如：
• 所有穿白色袜子的小朋友；
• 所有扎着小辫的小朋友；
• 所有能独自唱一首完整的歌的小朋友。

定身咒

年　　龄：4 岁及以上
游戏人数：至少 3 人
游戏时长：大约 10 分钟

　　小朋友们做着各种动作在房间内来回走动。在此过程中，他们可以扮鬼脸、扭动四肢、大喊大叫、倒立、模仿猴子等。一会儿，游戏引导员大喊一声"一二三，不许动"。这时，所有小朋友都要原地站立不许动。

　　接下来，游戏有两种进行方式：

　　•游戏引导员大喊一声"咒语解除"，游戏重新开始；

　　•游戏引导员试着把一动不动的小朋友们逗笑。最后一个被逗笑的小朋友要在下来一轮游戏中扮演魔法师给大家施定身咒语。

马戏团游戏

年　　龄：适合所有年龄段的小朋友（根据孩子年龄大小选择不同的游戏）

游戏人数：至少3人

游戏时长：可变不固定

游戏材料：丝巾、空纸盒、扫帚柄、旧袜子、汽球、大米、绳子、呼啦圈、化妆服、道具、化妆品

　　小朋友们都非常喜欢马戏团游戏。游戏引导员可以鼓励孩子和自己完成各种表演：跳舞、唱歌、来回跳动、用化妆品给自己化妆或表演各种马戏节目。在此过程中，游戏引导员要和孩子们对话："你们喜欢我做什么？你们想看到马戏团中的什么动物？你们有兴趣制作杂耍球吗？"

　　以下建议可供参考，无须提前做过多准备工作：

　　•您和孩子们一起游戏：您扮演老虎，让一个小朋友来驯服自己，然后再和小朋友互换角色；

　　•您扮演马戏团中小丑，然后和孩子们一起嬉闹；

•您让孩子们在"钢丝绳"上保持平衡（可以将绳子放在地上或用体操凳充当钢丝绳）。您可以鼓励他们，在"钢丝绳"上倒着走或蒙着眼睛走"钢丝绳"；

•可以让孩子们把空纸盒假想成杠铃，然后邀请孩子们扮演举起沉重杠铃的举重运动员；

•用两三条丝巾玩抛接游戏，丝巾下落的速度很慢，因此很容易被抓住。当您抛出丝巾后孩子们会非常兴奋；

•您可以给孩子们展示，如何用两三个小球玩杂耍。动手制作杂耍小球非常简单——在旧袜子中填满大米或将两个装有大米的气球相互套在一起就能做出杂耍小球；

•您可以和孩子们一起进行各种马戏特技表演。

让孩子消除愤怒、克服恐惧的游戏

为生气的孩子准备的"急救"措施

有时候，孩子需要一个可以让他们稳定情绪、恢复平静的机会。如果问题不是太过严重，转移他们的注意力或交给他们一个新任务，比如玩一个有趣且充满想象力的游戏，就可以消除他们的怒气。千万不要小看孩子的愤怒和恐惧，成人必须严肃认真地对待孩子的不良情绪。

戳气泡

年　　龄： 适合所有年龄段的小朋友
游戏人数： 至少 1 人
游戏时长： 可变不固定
游戏材料： 塑料气泡膜和其他包装材料

生气的小朋友可以借助塑料气泡膜消除怒气，他可以把气泡戳破、踩烂、压碎，也可以把塑料膜揉成一团，然后扔掉，这个过程可以给他带来莫大的乐趣。气泡被戳破时会发出噼啪的响声，就像孩子将自己的愤怒一点一点地释放。

小暴君的洞穴

年　　龄： 适合所有年龄段的小朋友
游戏人数： 至少 1 人（或人数较少的小组）
游戏时长： 大约 30 分钟
游戏材料： 被子、桌子、椅子、枕头、床单、箱子、绳子、旧窗帘等诸如此类
　　　　　　的材料

如果小朋友们可以搭建一个属于自己的洞穴，这对他们而言是莫大的乐趣。当然也只有收到邀请后，大人们才能进入洞穴。搭好的洞穴能保留多久就尽量保留多久，这样一来，孩子们在生气、悲伤或受到伤害时，就可以选择躲到洞里安慰自己。在这里，他们可以尽情地发牢骚、流眼泪、发泄自己的不满，也可以把枕头扔来扔去。

愤怒的口袋

年　　龄：适合所有年龄段的小朋友
游戏人数：至少 1 人
游戏时长：可变不固定
游戏材料：布袋、塑料袋、带子、塑料泡沫以及旧袜子或碎布头

　　您可以和小朋友们一起动手制作愤怒的口袋，制作方法非常简单：只需将布袋或塑料袋中填满塑料泡沫、旧袜子或碎布头，然后用带子将袋口扎紧，再把它挂到棚顶的挂钩或户外的树上。现在，孩子们就可以随意击打布袋了。在击打的过程中，孩子们可以大声喊叫，就像拳击运动员那样。如果布袋比较重，那效果将更好！这样一来，孩子们在击打时会消耗更多力气，也就能更彻底地消除自己的愤怒。

摆脱愤怒

年　　龄：适合所有年龄段的小朋友
游戏人数：至少 1 人（或人数较少的小组）
游戏时长：大约 10 分钟
游戏材料：节奏欢快的背景音乐

　　当孩子极度愤怒时，您可以引导他描述令他愤怒的场景。这样一来，孩子往往越说越生气，然后您可以建议孩子如果感到愤怒就使劲抖动自己的身体（如果配着音乐效果会更好），就好像使劲甩掉愤怒。

　　如果是很多小朋友一起玩这个游戏，您可以让他们依次回忆曾经让自己生气的场景。这样，每个小朋友都将自己的愤怒毫无保留地说出来，然后大家一起跟着音乐抖动身体、摆脱愤怒。

　　游戏的变化形式：您可以和孩子一起商量，还有什么方法能够让自己摆脱愤怒，这个方法既不会伤害自己，也不会伤害别人，还不会伤害动物或事物。接下来，您可以和孩子一起尝试，看看大家的想法是否可以实现。在此类游戏中，您也要参与分享，为孩子作出示范。

设身处地

在日常生活中或游戏中,成年人非常有必要帮助孩子练习换位思考和设身处地替他人着想。在一定的情况下,成年人也需要与孩子角色互换,只有这样我们才能更加明白孩子的内心世界。只有做出换位思考,我们才能更好地理解他人的情感或行为。

我是决策者

年　　龄：5 岁及以上
游戏人数：人数较少的小组以及人数较多的小组均可
游戏时长：2~3 小时（根据孩子年龄和能力把握时间）

角色交换游戏"我是决策者"非常有趣,孩子们一定非常喜欢。游戏中,您可以带领孩子一起讨论,然后由孩子依次扮演"决策者"来决定玩什么、什么时候吃饭、什么时候睡觉以及谁来收拾餐桌等。小朋友们也可以对您提出意见和建议、交给您小任务或请求您给予帮助。在游戏中,孩子们可以置身成年人的角色,这将有助于他们站在成年人的角度思考问题,理解成年人的"命令"。需要注意的是,您要在游戏前跟孩子们解释清楚游戏规则、作出共同的约定,比如不可以发出伤害别人的指令,不能在游戏中相互打斗。明确的规则可以让孩子们充分享受游戏的乐趣。

追踪纸箱

年　　龄：3 岁及以上
游戏人数：至少 2 人
游戏时长：大约 10 分钟
游戏材料：两个大纸箱

　　游戏引导员准备两个大纸箱，箱口与箱底完全敞开。两个小朋友面对面站立，并把纸箱套在身上，同时双手托住箱子，这样奔跑时，箱子才不会掉到地上。现在，小朋友们可以相互追捕对方啦！接下来，如果一个小朋友的箱子不幸落地，或者他被另一个"纸箱"捉住，那么这个小朋友不幸输掉比赛，游戏结束。千万要当心不要被别人抓住喔！

踩气球

年　　龄：适合所有年龄段的小朋友
游戏人数：至少 2 人
游戏时长：大约 5~10 分钟
游戏材料：气球若干、每个小朋友一根带子

　　游戏引导员准备吹好的气球若干，再把这些气球交给正在生气的小朋友，建议他使劲踩爆气球、越多越好。这并不是一件容易的事，踩爆气球需要灵敏的反应和适当的力量。游戏引导员也可以将气球在长带子上绑成一串，并将之固定在小朋友的脚腕上。这样一来，气球就不会四处飞散，方便孩子踩踏。使劲踩爆气球能帮助孩子完全释放心中的怒火，进而让孩子逐渐安静。

　　游戏的变化形式：没有气球也可以玩这个游戏。两个穿着袜子的小朋友面对面站立、相互抓着对方的手。在这个游戏中，两个孩子要试着去踩对方的脚，率先成功踩到对方 3 次的小朋友为游戏的获胜者。特别要注意的是，游戏引导员需跟孩子们事先约定游戏规则，不能在游戏中相互打斗、伤害别人。

魔法游戏

年　　龄：适合所有年龄段的小朋友
游戏人数：至少6人
游戏时长：大约5~10分钟
游戏材料：1根木棒（充当魔法棒）

　　一名小朋友扮演魔法师，他要用手中的"魔法棒"触碰别的孩子、施出"魔法"。被"魔法棒"碰到的小朋友就要一动不动地站在原地。当所有小朋友都被施了魔法、静止不动时，最后一个被"魔法棒"碰到的孩子就可以接过魔法棒扮演魔法师，游戏重新开始。

角色扮演小游戏

年　　龄：适合所有年龄段的小朋友
游戏人数：人数较少的小组以及人数较多的小组均可
游戏时长：20~30分钟
游戏材料：节奏欢快的背景音乐

　　游戏引导员和孩子一起选出一块室内游戏场地，接下来播放音乐，游戏引导员可以指导小朋友们用手势和肢体动作完成如下扮演游戏：

- 驾驶汽车或喷气式飞机在房间内飞驰；
- 在房间内穿行并相互问候；
- 在房间内蹑手蹑脚地走来走去；
- 搬运重物（比如一大块玻璃板或一个箱子）；
- 像老太太一样在房间内摇摇晃晃、慢慢腾腾地行走；
- 跳过许多大水洼；
- 努力穿过浓密的原始森林；
- 拖着一只脾气倔强的小狗；
- 在黏糊糊的柏油路上行走；
- 向后退到假想的起跑起点。

布袋手偶游戏

年　　龄：适合所有年龄段的小朋友
游戏人数：1 或 2 人
游戏时长：大约 15 分钟
游戏材料：布袋手偶，搭建游戏积木

　　游戏引导员取出两个布袋手偶，然后用手偶为孩子表演一场布袋戏，在这场游戏中，两个手偶要展开一场激烈地争吵。游戏引导员要在适当的时候邀请小朋友们补充情节，让这场争吵的戏继续表演下去。在戏剧表演中，游戏引导员可以启发孩子设想多种解决争吵的方法，这样的游戏环节会让孩子更多去关注如何解决问题，而非持续争吵。

　　示例：娜娜正在用积木搭建塔楼，小林也想一起玩，于是一场争吵开始了。可能的解决方法：

　　•他们决定一起搭建塔楼；

　　•他们收起积木，选择另一种好玩的游戏；

　　•娜娜先玩，10 分钟后，轮到小林玩积木；

　　•两个孩子都叫来了自己的妈妈，在妈妈们的帮助下，孩子们找到了平息争吵的好办法。

　　布袋戏结束后，游戏引导员可以和孩子们一起讨论，哪些才是解决问题的好办法？为什么？

　　当孩子变得格外暴躁

　　有时，孩子会变得格外暴躁。在这种情况下，语言劝告通常完全没用。此时的孩子需要一个机会，彻底发泄内心的愤怒，就好比打开"阀门"，倾泄愤怒之洪，然后孩子才能重归平静。为了让孩子身心健康发展，成人必须帮助孩子学习如何处理自己的不良情绪，这就需要成人给孩子们提供喊叫、吵闹、击打、公平争吵的机会，这些机会可能使他们的压力得以释放，最终帮助孩子重新恢复平静。这就好比乌云漫布之时，最需要的是一场狂风暴雨，终了才能拨云见日，晴空万里。

把怒气喊出来

年　　龄：适合所有年龄段的小朋友
游戏人数：至少 1 人
游戏时长：大约 5 分钟

　　如果一个孩子特别生气，游戏引导员可以给他提供一个释放怒火的机会。比如可以带着这个小朋友（或者是几个格外烦躁的小朋友）到花园或其他没有别人打扰的安静的地方，然后带着孩子们一起喊出自己的怒气。在这个过程中，小朋友们可以尽情宣泄，大声说出心底的愤怒。为了更加彻底地释放，此时还可以使用平日不被允许的违禁词语来表达不满。

喊出心中的不快

年　　龄：适合所有年龄段的小朋友
游戏人数：至少 1 人
游戏时长：大约 10 分
游戏材料：1 个布偶

　　游戏引导员可以将生气的小朋友和一个大布偶单独安排在一个房屋内。在这里，他可以尽情地对着布偶发泄。游戏引导员可以引导孩子还原事情的经过、跟布偶说心理话、甚至跟布偶挑战。但要注意的是，责骂布偶时的语言不能粗鲁不堪或带有侮辱性。

　　游戏的变化形式：所有小朋友都要想出一些责备别人的话语。谁想出来的话最有趣？哪些语言可以使用？在哪些情况下可以这么讲？哪些是公开场合不能使用的语言？如果我被别人这样责备，会是什么感觉？这些讨论能帮助孩子正确面对批评和责备，并找到适宜的发泄方式，然后尽快平静。

圈圈赛跑

年　　龄：5 岁及以上
游戏人数：至少 6 人
游戏时长：大约 10 分钟

小朋友们排成一队，然后队伍首尾相连，围成一个圆圈。这时，每个小朋友都能看到自己面前那个孩子的后背，彼此间距约为两米。现在，所有孩子都要围着圆圈跑动起来，并试着去拍站在自己面前那位小朋友的后背，被拍到后背的小朋友就要原地下蹲不能移动。当半数以上的孩子原地停止，游戏就可以结束了。当然，游戏时长也取决于小朋友们的体力和精神状况，如果孩子们在疯狂奔跑后仍然活力充沛，且依然觉得游戏很有乐趣，那么游戏继续。

游戏的变化形式：当游戏引导员再次发出信号，小朋友们的奔跑方向就要立即发生改变。这种形式的变化让游戏的难度增加，适合年龄稍大的小朋友。

扮鬼脸

年　　龄：适合所有年龄段的小朋友
游戏人数：至少 2 人
游戏时长：大约 5 分钟
游戏材料：1 面镜墙或每个小朋友 1 面小镜子

小朋友们一字排开站在一面大镜子前或每人手持一面小镜子。现在，大家可以尽情地扮各种可怕、滑稽的鬼脸。千奇百怪的搞怪鬼脸也许会让孩子们哄堂大笑、化解愤怒。为了能给日后留下有趣的回忆，游戏引导员可以拍一些好玩的照片，记录孩子们的开心时刻。这些照片既是孩子们的宝贵财富，也将会是"治疗"孩子愤怒的"灵丹妙药"。

让人生气的事儿

年　　龄：4 岁及以上
游戏人数：至少 4 人
游戏时长：大约 15 分钟
游戏材料：一个线团，它由不同长度的线条连接而成

　　游戏引导员和小朋友们围坐成一圈，这时可以把事先准备好的线团递给其中一位小朋友，这个线团由不同长度的线条首尾连接、缠绕而成。第一个拿到线团的小朋友要从线团上解下一段线条，而且要一边解，一边讲述一个让自己生气的故事。当他解下第一段线条之后，就可以将线团递给另一名小朋友，这位小朋友要接着解下线条，并重新进述一段让自己生气的事。

　　游戏可以由游戏引导员的示范开始：前几天，我们准备开车去爷爷奶奶家，可那时发生了些让所有人都不开心的事。爸爸找不到他的车钥匙了，大伟一个劲儿地嘟囔，因为他无论如何都不想去爷爷奶奶那儿，这时我的电话铃又响了……我一点儿都不喜欢这些状况，而偏偏又有人又在抱怨早餐，真是让我火冒三丈……

你该怎么办？

年　　龄：适合所有年龄段的小朋友
游戏人数：至少 4 人
游戏时长：10~15 分钟

　　游戏引导员和小朋友们围坐成一圈，然后依次描述一些难以解决的情境的难题。接下来，小朋友们要试着想出一些对策来解决这些问题：

　　•你的所有朋友都从我这儿得到了一个免费冰淇淋，唯独你没有；

　　•你一整天都在找自己最喜欢的毛衣，但怎么也找不到，而且也没有人愿意帮你找；

- 你的兄弟或姐妹都说是你偷偷拿走了他的糖果；
- 你最好的朋友没有邀请你参加他的生日宴会；
- 两个小朋友在打架，而你就站在旁边；
- 你今天不用去幼儿园了，因为全家人要去拜访一个你不喜欢的阿姨；
- 你的好朋友告诉你他在超市里偷了东西；
- 你爸爸把一个你很喜欢的玩具送给了你的小表弟；
- 你现在得照顾妹妹，但你想去踢足球。

天气按摩

年　　龄：适合所有年龄段的小朋友
游戏人数：至少 2 人
游戏时长：大约 5 分钟

两个小朋友一前一后站着，或所有的小朋友先站成一队，然后围成一圈。这样，每个小朋友都可以看到自己面前孩子的后背。
接下来，游戏引导员邀请孩子们开始一场幻想之旅！小朋友们依次走出"房间"，穿过"马路"，穿过"熟悉的街道"，走进"附近的森林"、"公园"或"花园"中。在这个过程中，游戏引导员要告诉小朋友们"正在经历"哪些不同的天气状况，这个时候小朋友们要做出相应的动作。

- 下雨了——手指轻叩面前小朋友的背部；
- 下冰雹了——叩击背部的力量稍重一些；
- 阳光明媚——双手手掌轻轻抚摸面前小朋友的背部；
- 雷声轰轰——用拳头轻轻击打面前小朋友的背部。

游戏引导员可以和小朋友们一起想一想，还有哪些天气？还可以用哪些动作来表示这些不同的天气？

变魔法

年　　龄：适合所有年龄段的小朋友
游戏人数：至少 4 人
游戏时长：1 根木棒（作为魔法棒）

在这一游戏中，游戏引导员要假扮魔法师，用魔法棒对小朋友们施展法术。游戏开始了，游戏引导员一边挥动魔法棒一边念出咒语。"天灵灵地灵灵，所有人都变成大象"！（也可以是卡车、机器人、怪物、飞机、女巫等）听到咒语后，所有的小朋友都在房间内一边奔跑、一边用肢体语言表现大象或其他咒语中的命令，直到游戏引导员说出下一句咒语。随着游戏的发展，游戏引导员也可以将魔法棒交给反应最快的那名小朋友，接下来，这个小朋友也要说出一句咒语，游戏如此发展下去，直到孩子们玩得尽兴、精疲力尽。

禁止接触

年　　龄：3 岁及以上
游戏人数：人数较少的小组
游戏时长：大约 10 分钟
游戏材料：1 根绳子

所有小朋友按自己的节奏在室内行走。在走动的过程中，孩子们不能停下脚步，也不能和他人有身体接触。大约 3~5 分钟后，游戏引导员再可以根据情况缩小游戏区域，比如用一根绳子圈定新的游戏区域，然后重新开始游戏。游戏按照这一方式不断进行下去，直到有小朋友在走动的过程中触碰到他人，那么游戏结束。大家猜猜看，当第一次身体接触出现时，游戏区域有多大呢？

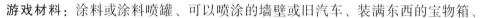

赶走愤怒的活动

年　　龄：适合所有年龄段的小朋友
游戏人数：至少 1 人
游戏时长：依情况而定
游戏材料：涂料或涂料喷罐、可以喷涂的墙壁或旧汽车、装满东西的宝物箱、
　　　　　宝物地图、废旧物品（比如旧闹钟、录音机或打字机、黏土、滑石、
　　　　　木块、树枝、锤子、刀、锯、锉等工具，合适的工作台或工作垫）

赶走愤怒的活动建议：

•组织小朋友们来一场体育竞赛（比如赛跑）；

•组织郊游或有趣的散步活动，在此过程中游戏引导员要格外耐心地和孩子们一起观察路边的石块儿或爬行动物，也许此行还会让您想起有趣的冒险故事和孩子们一起分享；

•带着孩子们在废弃不用的房屋墙壁、旧汽车或其他大面积平面上涂鸦喷画；

•让孩子们模仿各种动物（比如像老虎一样在笼中奔跑、像胆怯的鸟儿一样扑动翅膀、像大象一样顿足跺脚或吼叫、像袋鼠一样蹦蹦跳跳）；

•将"宝藏"埋在户外某处，然后让孩子们去寻找宝藏（如有设计好的寻宝图游戏会更有趣）；

•将生气的孩子揽入怀中，紧紧抱住他，然后让他用尽全身力气从您的怀抱中挣脱出来；

•为孩子们举办一个"废旧物品活动日"。这一天，您可以和孩子们一起清理储藏室，找找看是否能发现一些有趣的东西，然后将它们变成艺术品或想想其他方式将它们变废为宝；

•准备一个旧闹钟、一个淘汰的收音机或一台旧的打字机以及其他淘汰不用的东西，您可以把这些废弃不用的物品交给正在气头上的孩子，孩子们可以任意处置这些物品，比如将各个部件拆下来然后再重新组装，用锤子击碎这些物品，再或者重新将它们组装成一个新物品。这些安全的"破坏"性操作可以帮助孩子平缓情绪；

•找来废旧的木板，树枝或是木块，还可以是不用的陶土工艺品，当然别忘了一些简单、且相对安全的工具（刀、锯、锉等）。接下来，把这些材料完全交给孩子们吧！任由他们"发明创造"——随意给陶土塑形，切下树枝搭建棚屋等。这些消耗体力同时又需要发挥创意的活动，可以帮助孩子们消除怒气，恢复平静；

•鼓励孩子们用黏土尝试各种游戏，比如击打、揉捏黏土，给黏土塑形，将黏土放在桌子上拍打、扯碎等。在这个过程中，孩子们不需要创作艺术品，单单这种"折磨"黏土的活动就十分有趣，这些活动还可以帮助孩子恢复平静。除此之外，孩子或许还能从"折磨"黏土的过程中无拘无束地发挥自己的创意；

•给孩子们讲一个有趣的故事；

•带着孩子们一起在野外露营吧！点起篝火，和他们一起躺在地上，观察星星，和大自然的亲密接触是让孩子们保持好心情的最佳途径。

让孩子获得安全感的游戏

疯狂的游戏以及自我评价

疯狂的游戏对孩子们来说特别重要,而此类游戏往往会受到多种限制(比如学校常常要求孩子静坐)。多种多样的活动刺激可以帮助孩子快速消除的怒气,使他们恢复平静。在这些游戏中,孩子们可以测试自己的能力和极限、与其他孩子比较,学会自我评价并生成一定的安全感。在您组织这些游戏之前,请与孩子们提前商量,约定游戏时必须要多多留意他人。明确游戏规则对游戏安全来说十分重要。

拉绳子游戏

年　　龄：4 岁及以上
游戏人数：至少 3 人
游戏时长：大约 5 分钟
游戏材料：大约 5 米长的绳索（强度为 2）、每个小朋友 1 个标记物（石头、木棍或衣服）。

　　大家先将绳子两端系在一起，参与游戏的小朋友站在"绳圈"中，拿起绳子并将其放在臀部，然后拉紧绳子。游戏引导员在每个小朋友身后 1 米的地方放置一件标记物，接下来，所有小朋友都要通过拉扯绳子，试着去够自己身后的标记物。

快餐游戏

年　　龄：5 岁及以上
游戏人数：至少 9 人
游戏时长：大约 10 分钟
游戏材料：1 个锣

　　游戏引导员先要限定游戏场地，最好在草坪上玩这个游戏。然后向小朋友们说明游戏指令，游戏引导员一声令下之后，小朋友们就要按指令开始游戏了：

- 汉堡——两个小朋友叠着躺在一起；
- 炸薯条——小朋友们紧紧地站在一起并向游戏场地中间靠拢；
- 巨无霸——三个小朋友叠着躺在一起；
- 爆米花——小朋友们在游戏场地中随意地跳来跳去。

　　现在，请小朋友们在游戏场地内随意活动吧！游戏引导员发出一个特定的游戏指令（请在锣声响起后发出指令），小朋友们按指令开始游戏。

> 运动可以帮助孩子训练平衡能力
> 　　经常进行体育煅炼的孩子要比缺乏运动的孩子攻击性小。就算不喜欢运动的孩子也会喜欢汉堡游戏，因为这种游戏的号令是大家熟悉的食品名称，听起来幽默有趣。

到此为止，不许再靠近

年　　　龄：5 岁及以上
游戏人数：人数较少的小组以及人数较多的小组均可
游戏时长：大约 10 分钟

　　两组小朋友（或几对小朋友）互相保持较远的距离并面对面站立。他们的任务是，慢慢地以威胁的姿态向对方走去。只要其中一个小朋友觉得距离过近并且感到不舒服时，他就可以站立不动，并举手示意。这是向对面的小朋友发出停止行进的信号。

　　当所有小朋友都保持不动时，游戏引导员可以观察他们之间的距离，并和他们展开如下对话：

- 当其他小朋友用威胁的姿式向你走来时，你感觉如何？
- 当受到威胁时，你感觉如何？
- 你允许其他人与你保持多近的距离？
- 谁可以与你保持非常近的距离？
- 你想跟哪些人保持距离？

愤怒的垒球

年　　龄：4 岁及以上
游戏人数：至少 6 人
游戏时长：大约 10 分钟
游戏材料：1 个垒球（或使用其他球类）

　　所有小朋友围成一圈，其中一名小朋友拿着垒球，试着说出，"当……时，我就会特别生气。"然后将垒球扔给另外一名孩子，这名小朋友也要随之说出"当……时，我就会感到生气。"当所有小朋友都说出自己的愤怒之后，您可以找时间和幼儿一起讨论各种怒气的成因。在此过程中，小朋友们也许就会找到如何在特定情况下化解自己怒气的方法。

> 形成健康的竞争精神
> 　　强调速度的游戏，一方面能够促进幼儿之间的竞争，另一方面也要求幼儿彼此团结。这类强调速度同时也要求同伴相互配合和支持的游戏对小朋友非常有益，因为在这些游戏中幼儿可以体验到竞争和压力。

拥抱游戏

年　　龄：适合所有年龄段的小朋友
游戏人数：人数较少的小组以及人数较多的小组均可
游戏时长：大约 10 分钟

　　所有小朋友在划定的区域内来回奔跑。其中一名小朋友充"当抓捕者"，被抓捕者拍到的孩子就必须保持不动。只有当另外一名自由奔跑的小朋友抱住他时，他才可以重新恢复自由。大约 10 分钟后，游戏结束，此时幼儿虽然已经筋疲力尽，但游戏给他们带来的乐趣无穷尽。

拍打游戏（一）

年　　龄：5 岁及以上
游戏人数：至少 5 人
游戏时长：大约 10 分钟

　　一名孩子充当"拍打者"，他的任务是快速地触碰小朋友们。这个游戏的特别之处在于，被碰到的小朋友必须把手放在被碰到的特定身体部位上，这样一来他的自由受到限制，但同时也增添了幽默的效果。拍打者当然要尽量去碰别人特殊的身体部位。

拍打游戏（二）

年　　龄：适合所有年龄段的小朋友
游戏人数：至少 2 人
游戏时长：大约 5~10 分钟
游戏材料：泡沫塑料卷（比如从体育用品店购买的游泳浮力垫）

　　小朋友们人手 1 个手臂粗细、长约 1 米的泡沫塑料卷，并借助这一"武器"在特定的游戏区域内相互追逐或拍打对方。被拍到的幼儿，就要放下自己手中的"武器"，叉开双腿站在原地不动。当在游戏中未被拍打到的小朋友触碰到他的腿时，他就重获自由了。

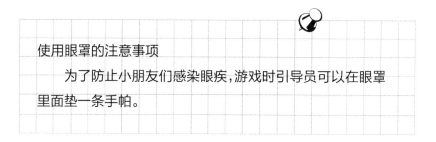

使用眼罩的注意事项

　　为了防止小朋友们感染眼疾,游戏时引导员可以在眼罩里面垫一条手帕。

蒙眼抓跳蚤

年　　龄：5 岁及以上
游戏人数：至少 6 人
游戏时长：大约 10 分钟
游戏材料：1 个眼罩和手帕若干

　　一个小朋友蒙住眼睛,假扮抓跳蚤的人,其余小朋友则装作跳蚤,而且他们只能以蹦跳的方式前进。"跳蚤"们只能蹦跳 10 步,而抓"跳蚤"的人可以随意蹦跳。"跳蚤"跳完 10 步之后,就不能继续移动了,只能成为抓捕者的囊中之物。最后一个被抓到的小朋友就是下一轮游戏的抓捕者。

随鼓声奔跑

年　　龄：5 岁及以上
游戏人数：至少 8 人
游戏时长：大约 10 分钟
游戏材料：鼓和鼓槌（或手鼓）

　　一个小朋友站在游戏场地之外,在他的身旁有一面鼓,其他小朋友站在游戏场地中央。站在鼓边的小朋友借助鼓声指挥其他小朋友:只要鼓声响起,其他小朋友就要奔向游戏场地边缘;只要鼓声一停,小朋友们就要转身冲回场地中央。

　　但是,只要有一个小朋友在鼓声停止前成功冲出游戏场地,那么他就可以接过鼓槌,充当鼓手。重要的是,您需要向孩子们清楚地说明鼓手的角色——鼓手是这个游戏中的领导者。

捕鸭子

年　　龄：5 岁及以上
游戏人数：至少 6 人
游戏时长：大约 10 分钟

　　在游戏中，一个小朋友扮演狐狸。如果参与游戏的小朋友较多，也可以选出两只"狐狸"。再选出一名小朋友扮演鸭子妈妈，其他小朋友就是"鸭宝宝"了。鸭宝宝们排成一列，抓住鸭子妈妈的衣服，藏在鸭子妈妈身后。接下来，狐狸必须抓住队尾的那只小鸭子（触碰到即可），鸭子妈妈则要试着阻止狐狸、保护自己的孩子。如果狐狸成功地抓住了最后一只小鸭子，那么他就可以扮演鸭子妈妈了，而被抓住的小朋友则要扮演狐狸。

抓住毛毛虫的尾巴

年　　龄：4 岁及以上
游戏人数：至少 8 人
游戏时长：大约 10 分钟

　　小朋友们排成一列，后面的小朋友抓住前面小朋友的腰，让整个队列看起来就像一条毛毛虫。队首的小朋友决定"毛毛虫"什么时候前进，什么时候后退，此外还要努力地抓住自己的"尾巴"。如果他成功地完成了任务，那么队尾的小朋友就要更换位置了——站到队首充当新的"毛毛虫头"。

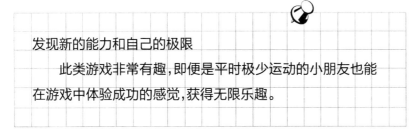

发现新的能力和自己的极限
　　此类游戏非常有趣，即便是平时极少运动的小朋友也能在游戏中体验成功的感觉，获得无限乐趣。

另类奥运会

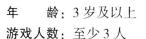

年　　龄：3 岁及以上
游戏人数：至少 3 人
游戏时长：大约 45 分钟
游戏材料：绳子、樱桃核、大号雨靴、茶叶袋、雨伞、手推车、彩色带子、小
　　　　　球

您和孩子们一起规划一场与众不同的另类奥运会！当然，这场运动会也要为获胜者颁发证书哦！

我们可以进行以下体育比赛：

•吐樱桃核大赛：分给每个小朋友 3 个樱桃核，谁能将樱桃核吐过标记线以外；

•扔雨靴大赛：谁能扔得最远；

•扔茶叶袋大赛：谁能将茶叶袋扔得最远？谁能将茶叶袋扔到某一指定的容器中；

•倒跑比赛：2~3 个小朋友倒行赛跑；

•扔雨伞大赛：将一个撑开的雨伞倒挂在树上，分给每个小朋友 3 个小球，他们要试着将球扔到撑开的雨伞中；

•雨靴赛跑：小朋友们穿上大号雨靴（可以是父母的雨靴）赛跑，这样会增加跑动的难度；

•手推车赛跑：要求小朋友们每两人一组参加比赛，其中一个小朋友坐在手推车中，另外一个小朋友负责推车。如果参与游戏的幼儿年龄较大而且胆子也很大，那么，可以尝试将推着车的小朋友的眼睛蒙住，然后由坐在车里的幼儿发出行动指令。您也可以在赛道上搭建一些障碍物，在比赛中，小朋友们必须绕过这些障碍物；

•四脚赛跑：这一比赛要求多名小朋友参加。在比赛中，他们要俯身趴在地上，手脚并用地"四脚着地"赛跑。

衣夹游戏

年　　龄：5 岁及以上
游戏人数：至少 8 人
游戏时长：大约 10 分钟
游戏材料：每个小朋友 4 个衣夹、1 个游戏惩罚物（比如手镯）

　　游戏引导员分给每个小朋友 4 个衣夹，他们可以将衣夹固定在衣服的任何位置上。接下来，小朋友们开始抢衣夹啦！抢到的衣夹也要固定在自己的衣服上，但需要注意的是，只能从一个小朋友身上抢一个衣夹。衣夹被抢光的小朋友就要自觉交出自己的惩罚物。

小小展览会

年　　龄：适合所有年龄段的小朋友
游戏人数：至少 4 人
游戏时长：大约 60 分钟
游戏材料：1 张桌子、彩色桌布、带子、装饰材料

　　小朋友们两人一组或分成几个小组，他们的任务是寻找不同的物品（比如红色的东西、长刺的东西、闪闪发亮的东西、奇怪的东西、软的东西等）。找到的东西当然也要以恰当的方式展示出来供大家欣赏。小朋友们可以用准备好的材料装饰这些展品，然后用它们举办一场小型展览会。这会给孩子们带来莫大的乐趣。

　　创造性的合作
　　　　这一游戏是与孩子们的收集热情有着紧密联系的。哪个孩子不希望自己像"长袜子皮皮"一样环游世界、寻找各种物品呢？这种游戏还需要孩子们之间相互合作。要展出哪些展品、如何布置展台等，在这些问题上他们必须达成一致。

堆箱子

年　　龄：适合所有年龄段的小朋友
游戏人数：至少 2 人
游戏时长：大约 10 分钟
游戏材料：各种各样的纸箱

　　小朋友们（独自、两人一组或以小组形式）用纸箱搭建一座又高又稳固的塔楼或一堵墙。谁搭建的塔楼更高？谁搭建的塔楼更有趣？游戏引导员可以在游戏开始前就和大家一起制定好评价塔楼优劣的标准。小朋友们既要灵活思考又要具备团队精神才能完成任务。

哪里在演奏音乐?

年　　龄：适合所有年龄段的小朋友
游戏人数：至少 3 人
游戏时长：大约 20~30 分钟
游戏材料：摇鼓、小哨子、盆和烹饪勺（所有可以发出声音的东西）

　　小朋友们先要找个地方藏起来（可以在森林中散步时玩这个游戏），藏起来的小朋友们随身携带一件可以发声的东西，并持续敲击 2 分钟。负责找人的小朋友可以通过声音来寻找藏起来的孩子。如果他找到了所有藏起来的孩子，那么就可以换另外一名小朋友继续游戏了。

穿白色袜子的到中间来

年　　龄：适合所有年龄段的小朋友
游戏人数：至少 6 人
游戏时长：大约 10 分钟

　　小朋友们围成一个较大的圆圈。游戏指导员站在圆圈中央，然后指定某些小朋友走上前来。

　　示例：所有……

- 穿白色袜子的小朋友；

- 扎辫子的小朋友；

- 穿粘扣鞋子的小朋友；

- 生日在 5 月的小朋友；

- 家里有两个孩子的小朋友；

- 从未得过水痘的小朋友；

- 喜欢吃巧克力的小朋友；

- 养宠物的小朋友。

　　游戏的变化形式：如果参加游戏的小朋友数量较多，可以按照一定的标准将他们分成小组，分组时也可以提出问题。示例：找出所有……

- 生日在同一个月份的小朋友；

- 兄弟姐妹数量相同的小朋友；

- 鞋号大小相同的小朋友；

- 今天佩戴漂亮发卡的小朋友。

注意垒球

年　　龄：4 岁及以上
游戏人数：至少 6 人
游戏时长：大约 5~10 分钟
游戏材料：垒球若干（或者使用其他球类）、润肤霜

　　所有小朋友围成一个圆圈，将垒球放在圆圈中央。接下来，游戏引导员要快速来回投掷垒球，小朋友们要注意，千万不要让垒球飞出圆圈之外——接住垒球，再将球扔给游戏引导员。如果垒球落到圆圈之外，那么未能接住球的小朋友就要接受惩罚——游戏引导员要用润肤霜在他脸上点一个点，这可真是一个有趣的惩罚！5 分钟后，看看是否还有没被点到润肤霜的小朋友？

> 可以转化为力量的攻击行为
> 　　攻击行为是个人内心生气、悲伤、害怕、失望以及愤怒情绪的外在表现。能够将自己的愤怒讲述出来的人，往往能够为自己找到一个释放情绪的阀门，也就不会再与他人发生争吵或打斗。另外，攻击行为也可以变成一种积极的力量，如果这种力量可以合理地用于体育游戏中，很多时候能推进游戏的发展。

树叶大战

年　　龄：3 岁及以上
游戏人数：至少 1 人
游戏时长：大约 10~15 分钟
游戏材料：落叶、扫把

　　小朋友们可以随心所欲地在树叶中嬉闹玩耍。在树叶堆中捉迷藏、相互投掷树叶或者干脆下一场"树叶雨"。仅仅在树叶堆之间来回奔跑就能给孩子们带来莫大的乐趣，那种沙沙作响的声音简直棒极了！在这个游戏中，游戏指导员需要做的就是用扫把将树叶及时聚拢在一起。

滑行游戏

年　　龄：6 岁及以上
游戏人数：人数较少的小组以及人数较多的小组均可
游戏时长：大约 15 分钟
游戏材料：1 长条塑料薄膜、软肥皂，泳衣或雨衣

　　游戏引导员先要选择一处较缓的斜坡，并在此铺上塑料薄膜，然后用软肥皂在薄膜上仔细涂抹，等滑滑的软肥皂完全覆盖塑料薄膜之后，小朋友们就可以从薄膜上顺坡滑下了。这种滑行游戏非常有趣，但要注意的是您一定要向小朋友们说明可能出现的危险，并在游戏过程中仔细照看他们。

没有跳绳的跳绳游戏

年　　龄：适合所有年龄段的小朋友
游戏人数：至少 1 人
游戏时长：大约 10 分钟

　　每个小朋友都假想自己有一根跳绳，现在，请小朋友们借助这根想象出来的跳绳做出各种不同的跳绳动作。如果游戏引导员也能一起参与，这样会更好地激发小朋友们的游戏积极性。比如游戏一开始，游戏引导员可以正常地"表演"跳绳，接下来就可以交叉双臂、将跳绳"折叠起来"表演"单手跳绳"，再或者为孩子展示一些高难度的花样跳绳动作，也可以邀请小朋友们在假想摇动的长绳上跳跃。总之在这个游戏中，游戏引导员可以给小朋友们丰富的想象空间，鼓励孩子们想出更多的花样跳绳方式，并将它们表演出来。

行为绘画

年　　龄：3 岁及以上
游戏人数：至少 2 人
游戏时长：大约 20 分钟
游戏材料：塑料薄膜、剃须泡沫或颜料、泳衣

这个游戏适合在夏天的户外进行，这样，小朋友们在游戏中可以穿着泳衣、方便玩耍。首先，游戏引导员要在户外铺一块塑料薄膜，接下来，小朋友们穿上泳衣，自由自在地用手和脚丫沾着剃须泡沫或颜料在薄膜上发挥创意、随意涂画。如果刚好准备的是黑色的塑料薄膜和白色的剃须泡沫，对比明显的颜色会让这幅行为绘画特别好看。一段喧闹的时间过后，各种富有创意的画作就展现在大家眼前了。无拘无束的创作，孩子们彼此之间恶作剧式的涂抹让这个游戏极富吸引力。

剃须泡沫画

年　　龄：3 岁及以上
游戏人数：至少 1 人
游戏时长：大约 15 分钟
游戏材料：1 块黑色塑料餐布、每个小朋友 1 罐带挤压喷头的剃须泡沫

小朋友们可以独自创作，或与其他小朋友们合作完成一幅剃须泡沫画。大家可以直接在塑料餐布上喷涂泡沫，也可以用手掌、手指或脚丫完善画的细节。在这个游戏中，小朋友们有机会完成大面积创作、还可以毫无拘束地不断修改自己的画儿并尝试不同的创作风格。游戏引导员可以用照相机记录下游戏的过程和结果，回放这些照片时一定会非常有趣。

密林探险

年　　龄：适合所有年龄段的小朋友
游戏人数：人数较少的小组以及人数较多的小组均可
游戏时长：依情况而定
游戏材料：1 大块布罩或大帐篷

　　小朋友都喜欢集体郊游，您可以趁机带小朋友们玩一次充满挑战的"密林探险"游戏。在游戏之前，您需要和孩子们一起商定游戏规则，在游戏中大家必须遵守这些规则。

　　游戏开始啦！扮演"探险队"队长的游戏引导员要告诉孩子们详细的指令：

　　•现在我们遇到食肉动物啦，大家要确保自己的安全，爬到树上或藏在灌木丛的后面；

　　•现在我们遇到旋风暴啦，大家要紧紧抓住身边的伙伴，这样风暴就不会把大家刮走；

　　•现在我们遇到暴风雨啦，大家要找到一个能躲避风雨的地方；

　　•现在我们遇到蚊子啦，大家要钻进大帐篷里或将衣服拉过头顶。

　　在遇到危险时，如果哪位小朋友反应较慢不能迅速做出自救措施，接下来就需要他大声报出下一个危险情境与相应的自救措施。这个游戏也可以在室内进行，如果玩室内游戏就需要游戏引导员带领孩子们假想出一片森林。

花园障碍通道

年　　龄：适合所有年龄段的小朋友
游戏人数：至少 1 人
游戏时长：大约 15 分钟
游戏材料：1 根长绳子、几个眼罩，一些手帕

　　游戏引导员首先要选择一处环境丰富的郊外场地（有树、灌木丛、小山、石头、横放的树干等），然后搭建一条充满障碍的通道，并沿着通道系一根绳子，在游戏中小朋友们可以抓着这根绳子走到终点。游戏开始了，小朋友们要蒙上眼睛，然后慢慢移动，移动的过程中要留意两边的障碍。参与游戏的孩子们可以团结一致，互相帮助齐心前进。

　　在游戏过程中，游戏引导员要注意以下情况：

•小朋友们可以先不蒙眼罩，试着在障碍通道中走一小段路程；

•有些小朋友希望能抓着别人的手，朋友的帮助可以给孩子勇气；

•要留意所有可能发生的危险（提醒孩子缓慢行进、注意树根或绊脚石、紧抓绳子、不往嘴里放任何东西）；

•鼓励胆小害怕的小朋友，但不要去试图说服他；

•不愿意蒙眼罩小朋友可以在游戏的过程中将眼睛闭上；

•在眼罩里面垫一块手帕，这样可以防止眼疾的传染。

让孩子在游戏中发现自己的优势和身体极限

在历险中衡量自我

　　如今,孩子们想体验真正的历险是越来越难了。电视节目和电脑游戏中的英雄正在替孩子们经历这些历险,也剥夺了孩子们的成长机遇。历险类游戏可以丰富孩子们的生活体验,在这些游戏中,他们能体验紧张感,释放恐惧、衡量自己的力量,还能学会认识自己的优势和长处,同时也能发现奇妙的自然。为了丰富孩子的体验,给孩子创造更多的成长机遇,成人可以将在树林中或山里的散步为孩子变成一场小小的"历险"。

老虎与羊

年　　龄：4 岁及以上
游戏人数：人数较多的小组
游戏时长：大约 10 分钟

　　小朋友们分成两组，一组扮演老虎，一组扮演羚羊。"老虎"们站在划定的游戏场地边上，当游戏引导员高喊"老虎"时，"老虎"们就要努力去抓"羚羊"；当游戏引导员高喊"羚羊"时，羚羊就要反过来努力去抓"老虎"。游戏场地的边缘是事先约定好的自由地带，在这里不许抓人，不能同时有一只以上的"老虎"或者"羚羊"站在自由地带。游戏中，被"老虎"抓住的"羚羊"就要充当"老虎"，反之亦然，最后到底是羚羊多? 还是老虎多? 游戏可以重复多次，整个游戏时间最好不要超过 10 分钟。

鸡蛋障碍赛

年　　龄：适合所有年龄段的小朋友
游戏人数：至少 3 人
游戏时长：大约 10 分钟
游戏教材：生鸡蛋（或柠檬），一个勺子

　　首先，游戏引导员要和小朋友们一起在户外搭建一条障碍通道。参与搭建非常重要，因为这能让孩子们对自己将要挑战的游戏有所了解，孩子们也就能认真考虑如何才能跨越障碍。另外，如果小朋友们参与搭建，那么大多数孩子在完成游戏时会更加投入，更加雄心勃勃。接下来，游戏引导员要分给每个小朋友一枚生鸡蛋，孩子们要将鸡蛋放在伸平的手掌上，听到命令后开始绕过障碍，冲向目的地。在游戏的过程中，小朋友不但要快速穿过障碍，同时要保证手掌中的鸡蛋安然无恙。如果孩子们觉得摊平手掌运送鸡蛋难度较大，游戏引导员也可以用柠檬代替鸡蛋。

体验极限和各种可能

　　有些赶走愤怒的游戏具有历险色彩,在这些"刺激"的游戏中孩子们可以发现自己的极限,鼓起勇气、消除恐惧,并为排解愤怒找到合适的渠道。认识到自己体能和勇气极限的孩子能够帮助自己获得信心和一定的安全感。当游戏结束后,如果成人能和孩子一起谈论游戏经历,这会帮助孩子使自己的勇气和信心加倍。

越来越小的圆圈

年　　　龄:5 岁及以上
游戏人数:至少 6 人
游戏时长:大约 10 分钟

　　首先,小朋友们围站成一个圆圈,其中一名小朋友(可以自愿举手示意也可以是游戏引导员随机挑选)走到圆圈中间。现在,站在外围的小朋友就要慢慢地向圆圈中间靠拢,圆圈由此变得越来越小。如果站在圆圈中间的小朋友在这个过程中间感到不适,可以立即举起胳膊示意。看到这一信号后,其他小朋友就立刻停止移动,接下来,游戏引导员要邀请站在中间的小朋友描述自己的感受。需要注意的是,当站在圆圈中间的小朋友感到不适时,游戏引导员无论如何都要结束游戏,同时也要给小朋友们机会,让他们充分表达自己的感受。

　　游戏引导员可以向站在圆圈中间的小朋友提出如下问题:

　　你感觉如何?是什么让你感到害怕?你在日常生活中碰到过这种感觉吗?你会怎么应对自己的恐惧?

　　另外,站在外围的小朋友也应该有机会表达自己对游戏的看法。

　　游戏的变化形式:如果是年龄稍大一些、胆子更大一些的小朋友来玩这个游戏,游戏引导员可以将游戏的环节做些有趣的调整,比如当外围的小朋友向圆圈中间靠拢时,他们可以一边移动,一边大声喊叫并作出具有威胁性的动作。

渡河游戏

年　　龄：4 岁及以上
游戏人数：至少 2 人
游戏时长：大约 10 分钟
游戏材料：2 根绳子、呼啦圈、木条、1 条长凳

首先，小朋友们要假想出一条河，比如将长凳翻过来当作河流、在地上放两根绳子或在森林中找到一根倒在地上的树干。然后，小朋友们要试着"渡河"，在"渡河"的过程中，大家必须身手敏捷，千万不能掉到"河里"，因为"河里"满是"鳄鱼"。如果谁不小心掉入"河中"，就会被"鳄鱼"咬到，那样非常危险。

游戏的变化形式：两个小朋友从两个相对的方向同时"渡河"。当两者相遇，他们必须灵活地相互错身并保持平衡，确保自己"不落入水中"。

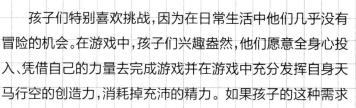

在游戏中历险

孩子们特别喜欢挑战，因为在日常生活中他们几乎没有冒险的机会。在游戏中，孩子们兴趣盎然，他们愿意全身心投入、凭借自己的力量去完成游戏并在游戏中充分发挥自身天马行空的创造力，消耗掉充沛的精力。如果孩子的这种需求无法得到满足，他们就很容易降低要求，过分被动依赖某一件事（比如看电视），这样一来，当额外的能量无处释放，就会导致他们出现令人头疼的攻击性行为。

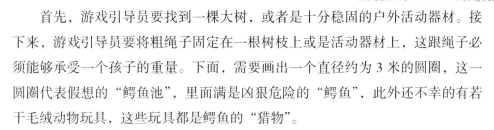

鳄鱼池

年　　龄：5 岁及以上
游戏人数：至少 1 人
游戏时长：大约 10 分钟
游戏材料：1 根粗绳子、1 个水桶、若干个毛绒动物玩具

　　首先，游戏引导员要找到一棵大树，或者是十分稳固的户外活动器材。接下来，游戏引导员要将粗绳子固定在一根树枝上或是活动器材上，这跟绳子必须能够承受一个孩子的重量。下面，需要画出一个直径约为 3 米的圆圈，这一圆圈代表假想的"鳄鱼池"，里面满是凶狠危险的"鳄鱼"，此外还不幸的有若干毛绒动物玩具，这些玩具都是鳄鱼的"猎物"。

　　在这个游戏中，小朋友们的任务就是解救鳄鱼池中的毛绒动物玩具，但同时也要确保自己不被"鳄鱼"咬到。这是一项如此艰难的任务，对小朋友们而言也是一种挑战、一种享受。在营救猎物的过程中，如果小朋友需要帮助，他们要告知游戏引导员。在游戏中，游戏引导员应当尽可能地保持克制，组织好游戏，让孩子通过努力后都能体验到成功的快乐。游戏的难度要符合孩子的年龄，游戏引导员也不能随意提供不必要的帮助。能够完成这种挑战的孩子，也许就不用通过发怒的方式来证明自己了。

影子大战

年　　龄：4 岁及以上
游戏人数：1~2 人
游戏时长：大约 10 分钟
游戏材料：1 盏灯、1 个大床单、图钉、其他用具（比如玩具剑）

　　首先，游戏引导员将床单拉紧、固定在门框上，然后在床单后面大约 3 米的地方放置一盏灯。现在，小朋友们就可以站在床单后面尝试影子游戏了，比如进行想象中的战斗、做出一些有趣的动作（手势）、移动位置制造效果、模仿电影场景等。如有机会，游戏引导员也可以选择合适的剧目和孩子们一起表演一场舞台剧。

捕捉响尾蛇

年　　龄：适合所有年龄段的小朋友
游戏人数：人数较少的小组
游戏时长：大约 10 分钟
游戏材料：眼罩、一些彩带，彩带的一端系有装满小石块儿或豌豆的小盒

　　半数以上的小朋友会在游戏中扮演响尾蛇，他们将系有小盒的彩带绑在屁股后面，所以当他们跑动起来时，小盒就会沙沙作响，这样一来就会提醒蒙着眼罩的小朋友"响尾蛇"的踪迹。蒙着眼罩的小朋友们现在就要抓住这些"响尾蛇"啦！需要注意的是，在抓捕的过程中，蒙上眼罩的孩子要依靠声音进行定位，因此游戏引导员要确保孩子们的游戏场地没有障碍物，方便奔跑。

物品大搜寻

年　　龄：适合所有年龄段的小朋友
游戏人数：至少 2 人
游戏时长：大约 20 分钟
游戏材料：1 张桌子、家中和花园里能找到的各种物品

　　游戏引导员将参加游戏的孩子平均分成两组，或者是任意选出两名孩子互相挑战。游戏开始了，参加竞赛的两组成员围站在桌旁，这时游戏引导员可以如此发号示令"我希望桌子上有一支牙刷。"

　　现在，参加比赛的两组人员就可以四处寻找，究竟在哪儿能找到一支牙刷呢？要注意的是，游戏引导员需根据参加游戏的小朋友的年龄和能力排除一些可能存在危险的活动场地，比如地下室或工作间等。

　　游戏中，游戏引导员还可以让小朋友们找下面的物品：

• 一根羽毛

• 一根红色的彩笔

- 一个装满水的漱口玻璃杯
- 一根鞋带
- 一片叶子（枫叶）
- 一串钥匙
- 一个小玩偶
- 一个小纸船
- 一张写有火警电话的纸条
- 一本儿童图画书等

任务的设置要充满趣味性，既不能太难，但又必须充满挑战。游戏中，率先完成任务的小朋友，可以为自己所在的小组获得一个积分（画一个圆点或贴一颗星星）。游戏结束时，获得圆点（或星星）较多的小组就是游戏的获胜者。游戏之后，小朋友们要将所有的东西物归原处。

游戏的变化形式：小朋友们还可以用找到的物品创作一幅艺术之作，看看哪组完成的又快又好？

什么不一样？

年　　龄：适合所有年龄段的小朋友
游戏人数：至少 1 人
游戏时长：大约 20 分钟
游戏材料：一些特殊的物件，笔和纸条

这个游戏的场地灵活多变，可以是户外是公园，也可以是森林、是幼儿园，无论在哪里，都需要游戏引导员对环境做些变动，而这些变动尽量不要过于显眼。比如将大石头放在另外一个地方、在夏天将一双棉手套挂在灌木丛中、将一个塑料青蛙放在路上、或者将教室里的张贴板倒挂等。游戏开始了，小朋友们要四散开来，找出环境中所有的变化。孩子们可以将这些变化写下来、画下来、或试着在原地标记出来。当游戏引导员宣布游戏结束时，哪个小朋友发现的变化最多呢？

挑战性游戏的作用
　　充满挑战的游戏能为孩子们带来无穷的乐趣。每一个挑战都能够激起孩子们的雄心壮志，充分调动他们的感官、提高他们的身体协调能力和激发他们的创意。因此，对孩子们而言，参与挑战性的游戏时，胜负往往显得并不重要，重要的是和伙伴们一起开动脑筋探险的经历。

发现之旅

年　　龄：适合所有年龄段的小朋友
游戏人数：至少 2 人
游戏时长：大约 20 分钟
游戏材料：一些手帕，每个孩子 1 个眼罩

　　两个小朋友一组游戏，其中一个小朋友用眼罩蒙上眼睛或将眼睛闭上，而另外一个小朋友就要小心翼翼地引领自己的"盲人"同伴走到任意一处有显著特征的地方。两个小朋友停留在此处，现在，眼睛被蒙住的小朋友要在同伴的帮助下试着触摸或嗅闻某一物品（比如一棵树、灌木丛或大石头再或者是活动室的积木），也许这一物品还能发出一些响声。当确定完这个地方的显著特征之后，两个小朋友重新返回原处。现在，拿下眼罩的小朋友要试着在没有他人的帮助下找到自己刚才去过的地方，找到自己触摸或嗅闻过的物品。顺利完成任务之后两个小朋友互换角色。

　　互换角色体验过"发现之旅"后，游戏引导员可以带着孩子们讨论，这个游戏容易完成吗？游戏中的哪个环节比较容易？哪个环节比较难？

"吸血鬼"在靠近

年　　龄：5 岁及以上
游戏人数：至少 6 人
游戏时长：大约 10 分钟
游戏材料：眼罩若干

　　所有小朋友蒙着眼罩在事先划定的游戏场地内来回走动。他们之间悄悄混进了一只"吸血鬼"（游戏引导员事先指定）。他四处游荡，寻找猎物并"咬"其肩膀（为了安全起见，用捏代替咬），被"咬"（捏）到的小朋友也就变成了"吸血鬼"。当所有小朋友都变成"吸血鬼"时，游戏结束。这一游戏非常受小朋友的欢迎，因为游戏过程会让孩子们感到紧张又有趣，完成游戏还需要灵活性。此外，参与游戏还需要孩子鼓足勇气，因为蒙着眼睛玩游戏，还要躲避"吸血鬼"，这个过程十分刺激。

　　另外，如果两个"吸血鬼"一不小心碰到了对方，那么他们就要重新变回人类。

大懒熊

年　　龄：3~8 岁
游戏人数：至少 6 人
游戏时长：大约 10 分钟
游戏材料：垒球或袜球若干

　　随意选出一个孩子扮演"大懒熊"，游戏中，大懒熊要先躺在洞穴里睡懒觉，它也会时不时小心地眯起眼睛观察四周的情况。这时，几个调皮的孩子悄悄地走近它，并大喊"出来呀，大懒熊，你再也咬不到人啦"。当孩子们无限接近洞口时，被激怒的大懒熊就会猛地冲出洞穴，将它的"武器"（垒球或袜球）扔向调皮的孩子。被击中的孩子按照游戏规则就变成熊，也要进到洞穴中。当所有孩子都变成熊后，游戏结束。

　　游戏的变化形式：熊熊们要相互抓住对方，这样一来它们就只能腾出两只手来扔球。

搬家总动员

年　　龄：3～8 岁
游戏人数：至少 6 人
游戏时长：大约 10 分钟
游戏材料：每个小朋友 1 根绳子或 1 个呼啦圈

　　一名小朋友出列，其他小朋友每人都有一根摆成圆圈的绳子或是一个呼啦圈，绳子或呼啦圈代表小朋友们的"房子"。现在，没有"房子"的小朋友要站在游戏场地中间大喊："所有人开始搬家！"听到这句话后，小朋友们就要离开自己的房子，寻找一处新的房子，站在游戏场地中间的那位小朋友也要参与"抢房"。一阵混乱之后，会是哪个小朋友没有房子呢？接下来，新一轮的游戏如此继续进行。

交换领地

年　　龄：适合所有年龄段的小朋友
游戏人数：至少 6 人
游戏时长：大约 10 分钟
游戏材料：绳子或呼啦圈、每个小朋友 1 张纸和一支彩笔

　　在游戏中，绳子或呼啦圈对小朋友们而言就是一个个独立的"王国"，但"王国"的数量总比参与游戏的小朋友的数量少一个。这些"王国"都是些特殊的王国，它们可以是小丑王国、跛子王国或猴子王国等。为了让大家知道每个王国的属性，孩子们可以用彩笔在纸上画出相应的符号，再把符号扔在"王国"里。游戏一开始，小朋友们要展示自己领地的属性，在"小丑王国"就要扮演小丑，在"跛子王国"就要一瘸一拐地走路等。这时，没有"王国"的小朋友会站在场地中间高喊"交换领地！"听到命令后，全体小朋友就要四处奔跑交换领地。因为领地的数量总是比小朋友的数量少一个，所以，这次又会是哪一名小朋友没有领地呢？在下一轮游戏中，就由他站在场地中间发号施令。

　　游戏的变化形式：所有小朋友都有属于自己的领地，游戏引导员站在场地中间负责高喊"交换领地"！

垒球怪物

年　　龄：适合所有年龄段的小朋友
游戏人数：至少6人
游戏时长：大约10分钟
游戏材料：1个筐子和垒球若干（或用团在一起的袜子代替，游戏即可更名为
　　　　　　"袜子怪物"）

　　一个小朋友扮演"垒球怪物"，他站在圆圈中间的大筐子前，筐子里装满了垒球。但"垒球怪物"不喜欢垒球，所以他要把筐子里所有的垒球全部扔出去。其余的小朋友要快速地捡起垒球，并将它们重新扔回筐子中。"垒球怪物"能扔光筐子里所有的垒球吗？如果可以，那么游戏结束，然后换另外一名小朋友来试试自己的运气如何。

　　其他冒险游戏和适合大孩子的游戏

　　•在大人的监督下尝试与火相关的游戏：点蜡烛、堆篝火、自己点篝火、灭火、手托小蜡烛赛跑、用湿润的手指去熄灭蜡烛、跳过小火堆、制作禁止吸烟标志等；

　　•在成人的陪伴下尝试一次徒步夜行；

　　•独自在夜晚走一段路程（比如从一个火把处走到下一个火把处）；

　　•修建一个拦水坝；

　　•在夜晚玩藏猫猫（胆子特别大的小朋友可以尝试这个游戏）；

　　•带着购物单和钱包和另外一个小朋友一起去购物；

　　•准备一顿简单的饭（比如水果沙拉、水果乳酪酸奶等），并将餐桌装点出节日气氛；

　　•用自己的作品（自己收集的物品、自己制作的手工作品、自己画的画等）举办一场展览；

　　•给游戏引导员做一天助理；

　　•每天浇花，持续一周；

　　•帮着家人修剪草坪、打扫卫生等。

竞技类游戏和执行类游戏

　　人与人之间出现争吵和冲突都是非常正常的。在这些情况下，当人们无法自我保护，比如不许动手、也不许用语言发泄情绪时，就容易生气，甚至会觉得难以承受这一切并感到崩溃。为孩子设计的竞技类以及执行类游戏非常珍贵，因为在这些游戏中孩子们可以自己动手、充分发泄情绪、毫无保留地释放自己地精力、展示自己的创造力，这样一来，游戏过后孩子们很容易就会感觉放松。但此类游戏只适合5岁及以上的孩子，他们精力充沛、越来越勇敢，也有一定的自控力。

宣泄愤怒

年　　龄：5岁及以上
游戏人数：至少3人
游戏时长：大约5分钟

　　每个参与游戏的小朋友都要回忆一个曾让自己非常生气的场景。现在，他们正好有机会可以将自己的怒气大声宣泄出来。当游戏引导员发出指令后，所有的小朋友就可以用尽自己的全力大喊自己的不满。需要注意的是，游戏引导员要事先和孩子们协商好，比如不可以使用某些特殊的话语。大约3分钟，游戏结束，游戏引导员要和小朋友们一起对游戏进行反思。

　　问题范例：

• 你现在感觉如何？你的怒气消除了吗？

• 你能听到其他小朋友在喊什么吗？

• 你还能回忆起什么？

• 你不喜欢哪些话？

• 面对某些人或在某些地方，你是不是不愿意用这些话？如果是，为什么会这样？你觉得如何？

推人游戏

年　　龄：5 岁及以上
游戏人数：2 人或更多（人数为偶数）
游戏时长：大约 5 分钟
游戏材料：粉笔

　　两个小朋友面对面站着，将手抬起，与肩同高，两个人的手掌彼此合在一起。为了站得更稳，两人还可以分别将一条腿稍微后移并蹬地。现在，他们要试着用力推对方。游戏引导员也可以在他们之间用粉笔画一条线，一旦某个小朋友越过了这条线，那么游戏结束，另一个获胜。如果在游戏的过程中，若有人感觉不适，那么游戏引导员就要适时喊停，同时游戏结束。

　　游戏的变化形式：小朋友们背靠背站着，试着将对方顶过界线。

挤人游戏

年　　龄：5 岁及以上
游戏人数：2 人或更多（人数为偶数）
游戏时长：大约 5 分钟
游戏材料：1 根粉笔

　　每两个小朋友背靠背坐在粉笔画的圆圈内，胳膊相互交叉，也就是从背后挽在一起。圆圈的直径大约为 3 米，小朋友们要试着将对方挤出圆圈。在此过程中，游戏引导员一定要注意提醒孩子们不要将对方弄疼，只要一个人触碰到圆圈的边线，那么他就算输掉了比赛。这时，可以开始新一轮的游戏，或者交换伙伴重新开始游戏。

扯袜子游戏

年　　龄：6 岁及以上
游戏人数：2 人或更多（人数为偶数）
游戏时长：大约 5 分钟

　　两个小朋友面对面坐在地上或垫子上，他们的任务是，用自己的脚将对方脚上的袜子扯下来。游戏开始前，游戏引导员要注意将孩子脚上的袜子松松地套在脚踝（否则很难从脚上扯下来，如果还是很难扯下，不如使用大一号的成人袜子来玩游戏）。只要有一只袜子被扯下来了，那么游戏结束。

自由地喧闹发泄
　　孩子们需要一些狂热又野性的游戏来发泄怒气、恢复平静。在这些游戏中，他们将学会如何进行公平的双人对决或如何在集体中获得认可。但最主要的是，这些游戏会给孩子们极大的乐趣，因为平时很多被禁止的行为在这些游戏中都是被允许的。在游戏中，孩子们可以跨越界限，可以无所顾忌地喧闹、发泄。所有的这些都使孩子们感到无比放松，并能有效地避免怒气淤积、尽而消除孩子的攻击性行为。

禁止弄疼自己或他人

　　当游戏引导员组织孩子们玩力量抗衡类游戏及打闹嬉戏类游戏时，要事先跟孩子们约定明确清晰的游戏规则，这个环节非常必要，要让孩子们清楚所有会弄疼自己或他人的动作在游戏中都是禁止的。

扯断尾巴

年　　　龄：5 岁及以上
游戏人数：至少 6 人
游戏时长：大约 5~10 分钟
游戏材料：每个小朋友一块儿布（也可以用围巾或手帕代替）

　　首先，游戏引导员要给每个孩子的身后塞上一块布，当作孩子们的"尾巴"。当一切准备就绪，游戏开始，孩子们在指定的区域来回跑动，并要尽力扯掉别人的"尾巴"，当然还要确保自己的"尾巴"安然无恙！最后看看谁手中的"尾巴"最多？谁丢了自己的"尾巴"呢？在游戏中，只要这个活动还能给孩子们带来乐趣，游戏引导员就可以带着孩子们一直玩下去；如果孩子们纷纷表现出体力不支，那么游戏暂停。孩子们都很喜欢追逐游戏，而且"扯断尾巴"是一种温和的"暴力释放"，还会给孩子们带来满足与成就，所以孩子们一定会爱上这个游戏，向您要求延长游戏时间！

公鸡之战

年　　　龄：5 岁及以上
游戏人数：2 人或更多（人数为偶数）
游戏时长：大约 5 分钟

　　游戏中，两个力气相当的小朋友单腿并排站在一起，并试着通过身体接触让对方在游戏中落败。其他任何身体部位（比如跷起的脚）先触到地面的小朋友就输掉了本轮游戏。游戏可以进行若干轮，获胜最多的小朋友就是游戏的赢家。

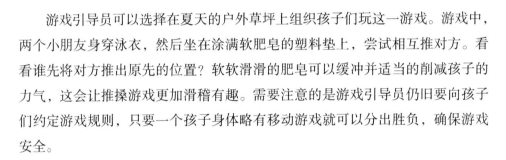

软肥皂之战

年　　龄：5 岁及以上
游戏人数：2 人或更多（人数为偶数）
游戏时长：大约 5 分钟
游戏材料：塑料垫、软肥皂、水、泳衣

　　游戏引导员可以选择在夏天的户外草坪上组织孩子们玩这一游戏。游戏中，两个小朋友身穿泳衣，然后坐在涂满软肥皂的塑料垫上，尝试相互推对方。看看谁先将对方推出原先的位置？软软滑滑的肥皂可以缓冲并适当的削减孩子的力气，这会让推搡游戏更加滑稽有趣。需要注意的是游戏引导员仍旧要向孩子们约定游戏规则，只要一个孩子身体略有移动游戏就可以分出胜负，确保游戏安全。

灵敏的脚趾

年　　龄：5 岁及以上
游戏人数：2 人或更多（人数为偶数）
游戏时长：大约 5 分钟
游戏材料：1 块薄薄的大毛巾

　　两名小朋友光着脚面对面坐下，他们之间要空出一块毛巾的距离。当游戏引导员发出指令，他们就要用脚趾拉扯放在两人之间的毛巾，并试着将毛巾拉到自己的身边。游戏中，孩子们的小屁股都不能移动，当然他们还得明确无论如何都不能触碰对方的身体、确保游戏安全。

拇指斗鸡

年　　龄：5 岁及以上
游戏人数：2 人或更多（人数为偶数）
游戏时长：大约 5 分钟

　　两个小朋友面对面站着，手指交叉合在一起，友好地问候对方。问候结束手也不松开，而是每个手指向上伸直，这个姿势就好像两只准备进行斗鸡比赛的公鸡。谁能将对方摁倒在地、制服对方呢？（编者注：请在软垫上开展这个游戏，或是在孩子身边摆满靠垫与软枕，确保游戏安全。游戏引导员要不断提醒孩子手指要保持伸直不可紧扣，以削弱孩子的力量和彼此伤害。）

小丑大战

年　　龄：4 岁及以上
游戏人数：2 人或更多（人数为偶数）
游戏时长：大约 10 分钟
游戏材料：每个小朋友 1 双不合脚的大尺码运动鞋、便鞋或雨靴，用泡沫材料
　　　　　的边角料做成的刀剑

　　首先，两名小朋友要打扮成小丑的样子，穿上不合脚的大尺码鞋子，这样他们的行动就会受到限制，他们之间的"战斗"也会显得格外滑稽。而这一场景人们只有在马戏团才能看到。（编者注：请在软垫上开展这个游戏，或是在孩子身边摆满靠垫与软垫，确保游戏安全。）

脚丫之舞

年　　龄：5 岁及以上
游戏人数：2 人或更多（人数为偶数）
游戏时长：大约 5 分钟
游戏材料：防滑袜子

　　两名小朋友面对面站着、紧紧抓住对方的手，然后试着踩对方的脚，同时避免自己的脚被对方踩到。为了保证脚被踩到时不会太痛，也为了防止滑倒，所以请小朋友们穿上带有防滑垫的袜子。（编者注：请在软垫上开展这个游戏，或是在孩子们身边摆满靠垫与软垫，确保游戏安全。）

阻止偷蛋贼

年　　龄：4 岁及以上
游戏人数：2 人或更多（人数为偶数）
游戏时长：大约 10 分钟
游戏材料：每两个小朋友 1 个网球或垒球

一名小朋友扮演正在孵蛋的"母鸡"——他将双腿交叉，把蛋（网球或垒球）夹在双腿之间。但不幸的是，此时有一只"苍鹰"想要偷走这枚蛋。"苍鹰"（由另外一名小朋友扮演）要试着从"母鸡"手中抢走鸡蛋。在"偷蛋"的过程中，"苍鹰"可以想尽一切办法，但无论如何不能弄伤或弄痛对方，而母鸡则要用尽全力保护自己的鸡蛋。

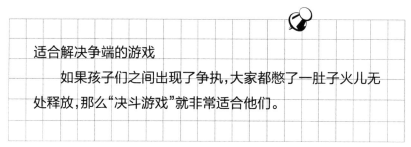

适合解决争端的游戏

　　如果孩子们之间出现了争执，大家都憋了一肚子火儿无处释放，那么"决斗游戏"就非常适合他们。

决斗游戏

年　　龄：4 岁及以上
游戏人数：2 人或更多（人数为偶数）
游戏时长：大约 5 分钟

小朋友两两相对站立，狠狠地"责骂"对方，孩子们可以尽情地做出动作威胁对方但不能发出任何声音。需要注意的是，在游戏过程中引导员要跟孩子们强调只能做口型而不允许发出任何声音，也不许有任何身体接触。

猫狗大战

年　　龄：3~6 岁
游戏人数：2 人或更多（人数为偶数）
游戏时长：大约 5 分钟

　　这个游戏中有一只"小狗"和一只"小猫"。"小狗"和"小猫"面对面站着，张牙舞爪地发怒、嘶吼、抓挠（当然只是用手势表示而已）、抬脚。发怒的小猫和小狗还会做些什么？其他的动物如果生气了会做出什么动作呢？（编者注：请游戏引导员时刻提醒孩子，只可以尽情地做出威胁别人的动作与表情，不可以言语伤害，不可以有身体接触。）

守护房子

年　　龄：适合所有年龄段的小朋友
游戏人数：至少 6 人
游戏时长：大约 10 分钟
游戏材料：1 根绳子

　　首先，游戏引导员可以用绳子围成圆圈，或用沙子撒出一个圆圈代表"房子"。接下来，一名小朋友闭着眼睛坐在圆圈中间，守护着房子。这时，其他小朋友悄悄逼近，他们要依次试着冲进房子。接下来，房子的守护者要试着用听觉分辨哪个方向有人靠近，并用手指指出"侵略者"的方向。如果方向正确，那么房子守护人就安全了。被指出正确入侵方向的小朋友就要在接下来的游戏中扮演房子的守护者。

拯救城堡里的公主

年　　龄：4 岁及以上
游戏人数：至少 6 人
游戏时长：大约 10 分钟

　　小朋友们分两组游戏，每组选出一个城堡里的"公主"，"公主"要坐在房间的角落里或者坐在指定的区域内，由自己小组的成员来保护。下面，由游戏引导员来决定，哪组小朋友先试着"抢"另外一组的"公主"。首轮游戏结束后，换另外一组小朋友扮演"公主"和"守护者"。哪一组的小朋友会用最短的时间抢回公主呢？（只要公主离开初始区域，即算抢夺方获胜）。需要注意的是，游戏引导员要事先和孩子们确定好游戏规则，比如在游戏中禁止抓、咬、掐、撞和拉扯头发，而挤、拉和搔痒则是允许的。

让孩子共同奔向目标的游戏

无关胜负的游戏

　　在无关胜负的游戏中孩子们会发现，合作不仅能给大家带来乐趣，而且还非常有用，因为通过合作大家很快就能获得最初的目标。无关胜负的游戏还将帮助他们学会相互帮助、接受他人，更重要的是，这类游戏让孩子们迈出了团队合作的第一步。

洗车设备

年　　龄：适合所有年龄段的小朋友
游戏人数：人数较少的小组以及人数较多的小组均可
游戏时长：大约 5~10 分钟

两组小朋友面对面跪在地上，中间留出一人宽，扮演"洗车设备"。站在队尾的两名小朋友扮演"汽车"，"满身泥污的汽车"就要开进"洗车房"啦。扮演汽车的小朋友先要说明自己是一辆什么车，比如"我是一辆破旧的卡车"。然后，"洗车设备"按照洗车工艺开始工作：喷洒清洁剂、用力搓擦、擦试泡沫、冲洗、擦干、打蜡。某些较脏的部位可能还要进行特殊的处理。洗车完毕后，焕然一新的"汽车"就要离开洗车通道，成为"洗车设备"的一部分。现在，轮到下一辆汽车啦！

移动的包裹

年　　龄：5 岁及以上
游戏人数：人数较少的小组
游戏时长：10 分钟
游戏材料：一根绳子

小朋友们相互紧挨着站在一起，游戏引导员用一根绳子像捆包裹一样把他们捆在一起，当然绳子不要拉得过紧。现在，被捆好的"大包裹"就要从游戏场地的一边移向规定的位置。在没有人摔倒或受伤的情况下，孩子们能顺利完成任务吗？哪组小朋友会在最快的时间内完成呢？

大家都在凳子上

年　　龄：5 岁及以上
游戏人数：至少 6 人
游戏时长：大约 5 分钟
游戏材料：每 5 个小朋友 1 把坚固结实的凳子

　　首先，游戏引导员将凳子稳稳地放在较软的地面上（地毯、体操垫或草地）。接下来，小朋友们的任务是，每 5 人一组，每组人试着都坐到凳子上。游戏中，小朋友们可以自己决定和谁一组，以何种方式坐到凳子上。

　　游戏引导员也可以在户外选择一块合适的石头或树干带孩子们玩这一游戏。有坡度的石面与弯弯的树干坐起来会更有趣。

闭着眼睛闯通道

年　　龄：5 岁及以上
游戏人数：人数较少的小组以及人数较多的小组均可
游戏时长：5~10 分钟

　　小朋友们排成两队，两队之间保持一定距离，大家面对面站立、构成一个通道。接下来，由游戏引导员任选一队队尾的小朋友，由他起大家依次穿过通道（可以奔跑、大喊，或者是慢慢挪动等）。在这一过程中，穿过通道的孩子们要闭上眼睛，而通道两侧的小朋友则要给队友提示，确保每个孩子都能安全地通过通道，并在他们通过后给予提醒。穿过通道的孩子依次站在队首，游戏如此循环进行，直到每个孩子都穿过通道。

自愿性

　　这类游戏需要勇气，因为游戏参与者将会面对不可知的状况，所以，要孩子们自己决定是否参与游戏、在游戏中扮演何种角色，能够鼓足勇气拒绝参加游戏的孩子也值得肯定。这类游戏的意义是让孩子们明白谁都会遇到困难，学会善待他人十分重要。游戏引导员也要称赞鼓足勇气拒绝参加游戏的孩子，并给他们足够的心理准备时间，随时欢迎他们重新加入游戏。因为能勇敢地说出内心的真实感受也值得肯定。

传递桌布

年　　龄：5 岁及以上
游戏人数：至少 4 人
游戏时长：大约 10 分钟
游戏材料：1 块桌布或床单

首先，小朋友们前后排成一队，队首的小朋友第一个将卷起来的桌布夹在双膝之间。现在，小朋友们要尝试将桌布从游戏场地的一侧传送到另一侧，即从队首传到队尾。在此过程中不允许使用手协助传递，小朋友们可以完成任务吗？

寻找宝藏

年　　龄：适合所有年龄段的小朋友
游戏人数：至少 3 人
游戏时长：大约 45 分钟
游戏材料：1 张彩纸、彩笔、装满"宝物"的宝藏箱

游戏引导员事先准备一张户外（比如校园、森林等）草图，并在图上画出一处或几处"藏宝"地点，然后将图剪成若干块儿，块数与参与游戏的小组数或小朋友的数量一致。现在，游戏引导员可以将藏宝图的碎片藏起来了！小朋友们必须找到这些碎片，并将它们拼在一起，然后按图寻找"宝藏"。孩子们都会迷上这个游戏，因为也许有可能还要在花园里挖一挖呢，到底会发现什么宝藏呢！

两人一笔来作画

年　　龄：6 岁及以上
游戏人数：至少 2 人（人数为偶数）
游戏时长：大约 15 分钟
游戏材料：1 支粗芯彩笔、每两个小朋友 1 张大纸

　　小朋友们两两一组、坐在一大张纸前，两人共持一支彩笔。现在，他们要合作完成一幅画。在画画的过程中，两位孩子不能相互交流，也就是说他们不能相互商量要画什么，每个人都要自己作出决定。创作结束时，游戏引导员可以带着小朋友们讨论各自的感受：你们喜欢你们的画吗？这样画画感觉怎么样？容易吗？你们是怎么达成一致的呢？你们之间有一个起决定作用的人吗？没有话语交流，人们也能达成一致吗？

连体双胞胎

年　　龄：4 岁及以上
游戏人数：至少 2 人
游戏时长：大约 10 分钟
游戏材料：每两个小朋友 1 根带子

　　这一游戏非常有趣，在游戏中，游戏引导员要将两个小朋友的上臂或大腿用带子绑在一起。现在，"连体双胞胎"就要在游戏引导员的指令下共同承担团队工作了。游戏引导员可以给"双胞胎"们安排任何非剧烈"工作"，比如收拾玩具、打扫房间、将室内的桌椅归置好等。

龙形怪物

年　　龄：4 岁及以上
游戏人数：人数较少的小组
游戏时长：大约 15 分钟

　　所有小朋友排成长长的一队，后面的小朋友将手搭在前面小朋友的肩膀上，整支队伍现在好像一个龙形怪物。站在队首的小朋友，也就是龙形怪物的脑袋，他来决定整个队伍的前进方式：也许是大家跳着往前走，也许是一起向后走，还可以是小步奔跑或者向一侧挥挥手。几次尝试之后，站在队首的小朋友移到队尾。现在，由新的"龙头"来决定游戏如何进行。

游戏筹码

年　　龄：6 岁及以上
游戏人数：人数较少的小组以及人数较多的小组均可
游戏时长：大约 5 分钟
游戏材料：游戏筹码若干（比如人工小宝石）、每 3 个小朋友一个容器

　　每 3 个小朋友手拉手组成一个小组，在游戏中与其他小组相互竞争。首先，游戏引导员要在地上铺满游戏筹码，每个小组的任务就是收集筹码并将它们放入自己的容器中（容器可以放在窗台上），筹码的数量越多越好。在游戏过程中，小组成员必须相互配合，因为一旦大家的行动方向不一致，就会影响游戏的成绩。大约 5 分钟后，游戏引导员宣布游戏结束。现在，大家来数一数，哪组小朋友收集的游戏筹码最多？

从洞穴里钻出来

年　　龄：4 岁及以上
游戏人数：人数较少的小组以及人数较多的小组均可
游戏时长：大约 10 分钟
游戏材料：1 个呼啦圈

　　所有小朋友手拉手排成一队，队首的小朋友手里拿着一个大呼啦圈，呼啦圈在游戏里充当"洞穴的出口"。接下来，所有的小朋友依次穿过呼啦圈，离开想象中的洞穴。在这一过程中，孩子们的手不能松开。当所有小朋友都钻出"洞口"后，游戏的难度就略有增加，现在，大家必须重新返回洞中！

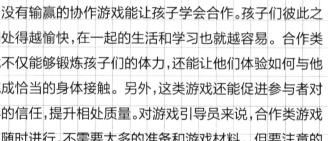

合作

　　没有输赢的协作游戏能让孩子学会合作。孩子们彼此之间相处得越愉快，在一起的生活和学习也就越容易。合作类游戏不仅能够锻炼孩子们的体力，还能让他们体验如何与他人完成恰当的身体接触。另外，这类游戏还能促进参与者对同伴的信任，提升相处质量。对游戏引导员来说，合作类游戏可以随时进行，不需要太多的准备和游戏材料。但要注意的是，参与游戏的小朋友尽最好年龄相仿，这样便于协作。游戏结束后的分享环节十分必要，这些回味与反思可以让孩子们用语言表达自己的感受，也会让他们彼此之间更加亲密。

组建机器

年　　龄：6 岁及以上
游戏人数：人数较少的小组以及人数较多的小组均可
游戏时长：大约 10 分钟

　　小朋友们像机器人一样用生硬呆板的动作在室内移动，然后游戏引导员要求这些"机器人"们几人一组连接在一起（4~5 人每组），组成一个可移动的"大型机器"。机器的各个部分，也就是小朋友们的胳膊和腿要紧紧连在一起，艰难地向前移动。游戏中，大机器必须以一个整体在室内快速移动，由围观的小朋友来判断究竟是哪一组移动得最快。为了让孩子更加投入，游戏引导员也可以引导小朋友们给这个"大机器"想一个名字。

收集宝藏

年　　龄：适合所有年龄段的小朋友
游戏人数：人数较少的小组以及人数较多的小组均可
游戏时长：大约 20 分钟
游戏材料：每个参与游戏的小朋友 1 个筐子、1 个毯子

　　游戏引导员带领小朋友们去户外散步，并让他们在散步的过程中收集"宝藏"。"宝藏"可以是空的蜗牛壳、漂亮的小石子儿，也可以是好看的树叶、贝壳等。在散步的间隙，成人可以邀请小朋友们把自己找到的"宝藏"展示出来，大家一起举办一个户外"宝藏展览"，也许大家还会相互交换自己的"宝藏"。这个时候，如果游戏引导员能讲述一个关于"宝藏"的有趣故事，一定能够激发小朋友们天马行空的想象。

让孩子在游戏中解决冲突

学会争吵

许多孩子在遇到冲突时都更愿意选择回避,还有一些孩子则完全不顾及对方的感受,直接表达自己的意愿。想与他人友好相处,必须学会处理冲突。在幼儿园、托儿所和小学,老师们可以用本章中的游戏让孩子们学会正确解决冲突,表达自己的情感。

说"不"的时间

年　　龄：3 岁及以上
游戏人数：人数较少的小组以及人数较多的小组均可
游戏时长：1~2 个小时（根据参与游戏孩子的能力而定）

　　游戏引导员选择一个时间段，在此期间小朋友们只能回答"不"。在 1 ~ 2 个小时的时间中，他们必须否定每一个问题或请求，比如"你现在能整理一下东西吗"、"你想喝杯茶吗"、"你想和我们玩捉迷藏吗"等。这一游戏会给小朋友们带来乐趣，3 ~ 5 岁的孩子尤其喜欢说"不"。在游戏中，小朋友们会有意识地体会到，回答"不"对成年人来说意味着什么。游戏引导员也可以在游戏中与孩子交换角色，这变化同样也会给孩子带来很多乐趣。

　　游戏引导员事先要和小朋友们商定好，即使是游戏时间，某些情况下也不能轻易拒绝别人，比如某个小朋友确实需要帮助。

不愿挪步的懒驴子

年　　龄：4 岁及以上
游戏人数：2 人或更多（人数为偶数）
游戏时长：大约 10 分钟
游戏材料：粉笔

　　游戏引导员用粉笔在地上画一条线，一名小朋友站在线上扮演"驴子"。他稍稍弓着腰，背对着扮演"赶驴人"的小朋友。"赶驴人"的任务是想尽办法推着驴子向前走，当"驴子"越过地上的线，"赶驴人"就是游戏赢家。接下来，两人交换角色。游戏引导员也可以让几组小朋友一起参加游戏，然后看看谁能先赶着驴子越过线？（编者注：游戏引导员要确保孩子在游戏中不可使暴力）

沙箱中的争执

年　　龄：适合所有年龄段的小朋友
游戏人数：人数较多的小组
游戏时长：大约 20 分钟
游戏材料：手偶（根据孩子年龄和兴趣作出选择）

　　游戏引导员使用手偶表演孩子们日常生活中常见的争执场景。小朋友们仔细观看这些场景，很多场景都可能是开放式结尾，请小朋友帮助手偶找出解决冲突的方法吧！

　　示例：手偶安娜和蕾娜坐在沙箱里玩耍，她们已经用沙子堆出了漂亮的沙堡，并建造了一套完美的下水系统。就在这时，来了一个年龄稍大的男孩儿，他嚷嚷道："走开，不许再在这儿玩了，因为我想在这儿玩！"然后，他就开始用脚踩踏沙箱里的一切东西……

　　其他可能引发冲突的场景：
• 苏菲穿了一条红绿格子的裤子和一件橙色的毛衣。妈妈看到了，说："苏菲，你的衣服搭配得很古怪，赶紧换一身衣服！"
• 提姆和斯文娅玩了一会积木，现在他们应该共同把积木收起来，可提姆责骂斯文娅说："你自己收拾积木，如果你敢跟妈妈告状，我非揍你不可！"
• 塔比娅想去游戏场玩，但汉斯挡住了她的路，且不客气地说："你不能从这儿过！"
• 丽娜在超市的收银台前排队。一个上了些年纪的大妈狠狠地将丽娜挤到一

边，说："让我先过去，我有急事！"

　　游戏引导员在表演手偶冲突前要和小朋友们商定好，每种情况下都会发生些什么？当事人的感受如何？小朋友们在受到侵犯时如何保护自己？接下来，小朋友们就可以借助手偶来展示自己是如何解决这些冲突的。

　　游戏的变化形式：游戏引导员也可以借用角色扮演来展示各种场景，或者在和孩子们的谈话的环节中相互讨论各种场景。

　　表达情感
　　　我们可以用语言，也可以用表情或肢体姿态表达情感。学会表达情感、正确地理解他人的情感诉求，对人与人的相处非常有益。游戏引导员可以通过情境游戏让孩子们练习表达情感、理解他人的处境。

闭紧嘴巴

年　　龄：4 岁及以上
游戏人数：至少 2 人
游戏时长：大约 15 分钟

　　孩子们坐成一圈，游戏引导员可给出以下游戏建议：

　　"你们不能说话，但要展示出此时此刻你们的表情、你们的喜怒哀乐。当我做出如下举动时，你们会怎样呢？展示给我看看吧！"

- 拿走你们的小汽车；
- 嘲笑你们；
- 摸你们的头；
- 送给你们一些东西；
- 冲你们大喊大叫；
- 禁止你们做某些事；
- 向你们透露一个密秘。

背人游戏

年　　龄：6 岁及以上
游戏人数：至少 2 人
游戏时长：大约 5 分钟

　　两个小朋友背靠背站着，手臂相互挽在一起。其中一个小朋友弯下腰，靠自己背部的力量将另外一个小朋友背起。起身后，他可以慢慢伸展两三下，然后再次弯下腰去，通过背部轻微的动作变化去感受背部承受的重量，接下来，两名小朋友互换位置。在游戏中，游戏引导员要特别提醒大家，在做所有动作时都必须小心谨慎，这样大家才不会受伤。这个游戏会让孩子们释放能量，并学会设身处地地为他人着想。

有人在敲门

年　　龄：4 岁及以上
游戏人数：人数较少的小组以及人数较多的小组均可
游戏时长：大约 10 分钟

　　小朋友们围坐一圈，一名小朋友站在圆圈外一扇假想的门前，然后假扮陌生的拜访者，敲门请求入内。他必须想尽办法说服其他小朋友允许这个"陌生人"进来。如果他顺利地进了门，或时间过了 3 分钟他还被困在门外，那么就由另外一个小朋友来扮演陌生人。小朋友们也可以两两一组玩这一游戏，这时房屋的主人和陌生人隔着想象出来的门面对面站着，"陌生人"会说出什么"动听"的话语请求进入呢？

找同伴

年　　龄：3 岁及以上
游戏人数：至少 4 人
游戏时长：大约 5 分钟
游戏材料：小盒若干（每个小朋友 1 个），各种不同的填充材料比如大米、鸟
　　　　　沙、豌豆、小石子儿等

　　首先，游戏引导员将小盒收到一起，然后使用不同材料填满盒子：比如大米、鸟沙、豌豆、小石子儿等。在填的过程中游戏引导员必须注意，每两个盒子中的材料必须相同。游戏开始啦！每个小朋友都手持一个小盒在室内奔跑。在奔跑的过程中，小朋友们要摇动手中的小盒，然后试着找出自己的同伴，也就是找出跟自己手中的小盒发出同样声音的那个小朋友。谁能在最短的时间内找到同伴呢？

两人三足

年　　龄：4 岁及以上
游戏人数：至少 4 人
游戏时长：大约 5 分钟
游戏材料：1 根粗带子或布条

　　两个小朋友并排站着，然后游戏引导员用一根粗带子或布巾将其中一个小朋友的左腿和另一个小朋友的右腿绑在一起。现在，他们就要练习从游戏场地的一边走到另一边，练习完毕后，几组小朋友（至少 5 岁）就可以开始比赛了，哪组小朋友能最快到达目的地呢？

运送小朋友

年　　龄：5 岁及以上
游戏人数：4~5 人
游戏时长：大约 5 分钟

　　游戏引导员先挑选出 3~4 个小朋友，这些小朋友要用自己的身体组成一辆"汽车"，这辆"汽车"负责把一个小朋友从标记的地点运送到另一处。在这一游戏中，孩子们会练习相互合作、遵守共同的约定和规则，另外他们必须共同制定策略并解决随时出现的问题。

团队精神取代竞争

　　此类游戏最重要的是让孩子们学会相互合作。这类游戏会促使孩子们彼此约定、商量游戏对策以及舍身处地地为他人着想。孩子们会在游戏中体会到合作如何帮助他们实现目标，如何加倍成功的体验。与此同时，他们还将学会相互帮助，接受他人。

共同起立

年　　龄：5 岁及以上
游戏人数：至少 2 人
游戏时长：大约 5 分钟

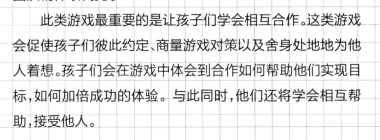

　　小朋友们两两背靠背坐在地上，双臂挽在一起。现在，他们就要试着站起来了，他们能成功吗？游戏引导员不妨可以和别的成人一起试一试，这样您就能知道这一游戏的难度以及相应的技巧，并将之传授给参加游戏的孩子们。在这个游戏中，只有设身处地的为对方考虑，彼此配合、协作，游戏才能顺利完成。

开车游戏

年　　龄：3 岁及以上
游戏人数：至少 4 人
游戏时长：大约 10 分钟

两个小朋友一前一后站着，后面的小朋友将手搭在前面小朋友的肩膀上。前面的小朋友闭上眼睛，胳膊向前伸直扮演"汽车"，而后面的小朋友则要在游戏中充当在拥挤的马路上开车穿梭的司机。现在，司机就可以出发啦！为了避免交通事故，司机必须足够机敏。几分钟后，两个小朋友互换角色重新体验。游戏结束后，游戏引导员要和小朋友们一起讨论他们在游戏中的感受。

鸡蛋飞起来

年　　龄：5 岁及以上
游戏人数：人数较少的小组以及人数较多的小组均可
游戏时长：大约 45 分钟
游戏材料：100 根粗塑料吸管、1 卷透明胶带、每组小朋友 2 枚鸡蛋

小朋友们每 3~4 人为一组。他们的任务是用吸管和透明胶带制作一个保护壳，让鸡蛋"飞"起来的时候免遭意外。保护壳的设计必须科学合理，这样才能保证即使鸡蛋"飞"出窗外也不会破损。小朋友们只能使用吸管和透明胶带这两种材料，另外每组小朋友 2 枚鸡蛋，保证每组小朋友都有一次"试飞"的机会）。所有小朋友都要参与到游戏当中，认真思考什么样的保护结构最合适。当然，在游戏中不允许参赛的小朋友用手接住鸡蛋或在鸡蛋落下的区域铺上软垫。接下来，我们看看哪个小组的"保护壳"能真正保护"飞"起来的鸡蛋？

寻宝奇缘

年　　龄：3 岁及以上
游戏人数：人数较少的小组以及人数较多的小组均可
游戏时长：大约 30 分钟
游戏材料：每两个小朋友两件相同的物品：比如金属瓶盖、栗子、有糖纸包装
　　　　　　的糖果、国际象棋的棋子、厨房用品等

　　游戏引导员在室内或户外分别藏好这些两两相同的物品。藏好之后，所有的小朋友就要开始寻找宝贝了。只要有一对小朋友找到了两件相同的物品，那么他们就是游戏的获胜者。看看哪组小朋友最快、最有默契？哪一组是第二名呢？

艺术展开幕日

年　　龄：4 岁及以上
游戏人数：小组若干（每组 3~4 人）
游戏时长：大约 45 分钟
游戏材料：布巾、彩纸、画作、自己喜欢的收藏品以及手工作品、茶、果汁、
　　　　　　饼干等

　　每组小朋友用现有的材料布置自己的展台。除了上述物品之外，小朋友们还可以在展台上放上自己喜欢的玩具、有趣的图书或照片作为展品。小朋友们要将自己的展台装饰得漂漂亮亮的，同时还要用几句话介绍一下自己的展品。此外，还要准备好茶、果汁和饼干，就像真正的展会一样。

3 个秘密

年　　龄：5 岁及以上
游戏人数：至少 2 人
游戏时长：大约 30 分钟

　　一个小朋友闭上眼睛，另外一个小朋友牵着他在游戏场地内行走。走动的过程中，他们要在 3 个地方停留。每次停留时，负责领路的小朋友要向小伙伴讲述一个自己发现"秘密"（比如一块儿漂亮的石头、一段树干、一朵花等）。而眼睛闭着的小朋友则要调动所有的感官来感受这一"秘密"。接下来，他将被带回到出发地。现在，他就要睁开眼睛重新找到刚才停留的 3 个地方，如果成功找出了这 3 个地方，那么两个小朋友互换角色。在这一游戏中，孩子们除了要调动各个感官仔细分辨，彼此之间还需要团队精神。游戏结束后，游戏引导员可以和小朋友们讨论一下游戏和他们的感受。

我是温柔的小闹钟

年　　龄：适合所有年龄段的小朋友
游戏人数：人数较少的小组
游戏时长：大约 10 分钟
游戏材料：1 块垫子

　　一个小朋友蜷着身子躺在垫子上作熟睡状，另一个小朋友的任务就是把熟睡的小朋友唤醒。在此过程中，他要照顾到熟睡中小朋友的情绪，必须用一种温柔体贴的方式将其唤醒。除了使用语言，任何所有关心体贴的举动都可以使用。游戏中，熟睡的小朋友可以自行决定何时醒来，也可以决定醒来后是否向大家讲述对方在唤醒他的过程中哪些行为让他感觉很好。接下来，两个小朋友互换角色。在这一游戏中，小朋友们会学习使用语言及肢体行为温柔地表达情感，同时学会换位思考。

让孩子在游戏中放松心情并积聚新的力量

放松思想和寻求平静

其实,孩子们经常处于压力之下。他们很少有时间回归平静,很难主动地安静玩耍、学习或放松心情,所以给孩子们足够的时间去放松非常重要。在本章中,您将发现许多可以帮助孩子放松心情的游戏。借助这些游戏,相信您和孩子们很快就能缓解情绪、恢复平静。

球球按摩

年　　龄：适合所有年龄段的小朋友
游戏人数：至少 2 人
游戏时长：大约 10 分钟
游戏材料：1 个网球或垒球，每个小朋友 1 块垫子、毯子或床垫

一个小朋友趴在垫子上，另外一个小朋友跪在他面前，用网球在他身上缓慢地来回滚动。皮肤裸露的部位感受到的这种球球按摩尤为舒服。网球在身体上缓慢而仔细地滚动，趴着的小朋友可以试着描述网球都在自己的哪些身体部位上滚动过，做到这一点身体需要有足够的感知能力。小朋友们自己决定球球按摩的时间长短，之后两人互换角色。

> **开发积极的身体感觉**
> 此类游戏主要是让孩子们去发现、享受自己的身体感觉并尝试自我放松。经历过此类尝试的孩子会善待自己或他人，同时也会学习与他人肢体接触的掌握分寸。

毯子摇起来

年　　龄：适合所有年龄段的小朋友
游戏人数：人数较少的小组
游戏时长：大约 10 分钟
游戏材料：1 张毯子

一个小朋友躺在毯子上，游戏引导员辅助另外几名小朋友将毯子提起来。毯子中的小朋友被举高、晃动、摇来摇去。他可以告诉大家自己希望毯子怎样晃动，也许他想让大家轻轻摇动自己，也许他让大家摇动的节奏更快，也许他想让大家将自己举高或抛向空中。出于安全的考虑，请游戏引导员时刻控制孩

子们摇毯子的力度与辐度。这个游戏主要是让孩子们发现自己的身体感觉并学会自我放松。通过这种练习，孩子们将学会善待他人，同时也将学会接受并享受他人给予自己的这种礼遇。

魔术香皂

年　　龄：4~6 岁
游戏人数：至少 2 人
游戏时长：大约 10 分钟
游戏材料：1 块垫子、毯子或床垫

这一游戏能帮助孩子自我放松和消除压力。游戏中，一个小朋友躺在垫子上，他的同伴用"魔法香皂"为自己"沐浴"。之所以称之为"魔法香皂"是因为这里的"香皂"是幻想而非真实存在。手里拿着"魔法香皂"（也可以将香皂涂在浴花上）的孩子在躺着的小朋友身上随意涂抹，可以在他背上画一道"阳光"为他驱散心中的怒气、为他带来欢笑，还可以为他从头到脚涂抹香皂，为他洗头，为他擦除身上的污渍，为他驱散心中的苦恼。"魔法香皂"还能为躺下的小朋友带来更多的惊喜吗？接下来，身上"涂满香皂"的小朋友可以假装到一个想象出来的淋浴器下将身上的泡沫冲洗干净。在这个过程中，另外一个孩子可以查看是否所有的泡沫都已经冲洗干净，如果还有残留的泡沫，还可以为其擦拭干净……只要孩子特别享受，类似的表演还可以继续下去。

通过抚摸辅助放松

　　在一些安静舒缓的游戏中，孩子们特别享受轻柔的抚摸，抚摸可以帮助孩子自我放松。有意识地感知他人对自己身体的抚摸、忘记一天中的压力和不愉快，不只是小朋友，成年人也会特别享受这一时刻吧。

感受啤酒杯垫

年　　龄：适合所有年龄段的小朋友
游戏人数：至少 2 人
游戏时长：大约 10 分钟
游戏材料：啤酒杯垫若干，毯子、床垫或垫子

　　一个小朋友躺在一块柔软的垫子上，另外一个小朋友小心地将啤酒杯垫放在他身体的不同部位上，躺着的小朋友在游戏引导员的询问下试着说出杯垫放在自己身体的哪些部位上，接下来两个小朋友互换角色。游戏结束之后，游戏引导员和小朋友们一起讨论游戏的感受：哪些身体部位能够灵敏地感受到啤酒杯垫？哪些身体部位很难感受到啤酒杯垫？啤酒杯垫放在哪些部位时会妨碍到我们？而放在哪些部位时不会妨碍到我们？

气球床

年　　龄：适合所有年龄段的小朋友
游戏人数：至少 2 人
游戏时长：可变不固定
游戏材料：被罩、气球若干

　　游戏引导员先和小朋友们一起将气球吹好，然后将吹好的气球填入被罩中，"气球床"就做好了。有了这个"气球床"，小朋友们可以玩得非常开心。"气球床"特别适合放松和休息，小朋友们可以在"气球床"上来回打滚，还可以几个人一起将"气球床"顶在头上来回走动。如果在小朋友们蹦跳的过程中气球不甚破裂，游戏引导员可以填入新的气球。

梦幻之旅

　　游戏"梦幻之旅"可以帮助孩子们回归平静。参加这个游戏的孩子们不会受到外界干扰，同时大家都保持一个非常舒服的姿势——躺在卧榻上、靠在靠垫上、躺在垫子上或钻在一个舒服的小窝里。此外，游戏引导员还要注意跟孩子谈话时语速缓慢、适时停顿，并通过声音为他们传递一种平静感。

梦幻之旅

年　　龄：适合所有年龄段的小朋友
游戏人数：人数较少的小组
游戏时长：大约 15 分钟
游戏材料：椅子、垫子或毯子

　　进入梦幻之旅：孩子们可以坐在椅子上或躺在垫子（或毯子）上。游戏引导员使用轻柔的话语帮助孩子们放松情绪，比如：你们可以在垫子上保持一个舒服的姿势，你们的身体在放松，现在，闭上你们的眼睛并开始调整你们的呼吸，先深吸一口气，然后再深深地呼出这口气。

　　开始梦幻旅：现在，游戏引导员可用语言激励孩子们，这样他们就能勾勒出内心的画面并能自由拼出自己的幻想。在这一过程中，游戏引导员说话的语气要缓和轻柔，而且最好使用短句，每句话之后稍作停顿，这样，孩子们就有时间陷入沉思，勾勒自己内心的画面。整个过程尽量简短，游戏引导员只是在一定程度上给予孩子们语言引导，用语言激发孩子的幻想。过于明确强烈的指导反而会适得其反。

　　返回现实世界：现在，游戏引导员要带着孩子们慢慢回到现实世界。在这一过程中，游戏引导员要注意，一切必须慢慢进行，让孩子们跟随自己的节奏。他们必须要有足够的时间，和自己勾勒出的画面说声"再见"并离开梦想世界。接下来，游戏引导员请孩子们慢慢睁开眼睛，舒展四肢、伸伸懒腰。如果孩子们愿意，游戏引导员也可以邀请他们讲述一下自己的感受。

游戏结束后，许多小朋友也非常愿意画下自己的幻想世界。

在返回现实世界之后，游戏引导员可以向孩子们提出如下问题：

- 你会做梦吗？

- 你去了一个什么样的世界？

- 都发生了些什么？

- 哪些东西很美好？哪些东西很有趣？哪些场景令人激动？

- 你特别喜欢什么？

- 有什么你不喜欢的吗？

- 你现在感觉如何？

梦幻之旅的主题建议：

- 你在一片魔幻森林中漫步，你在那里遇到了谁？那里的什么和我们的森林不同？魔幻森力中有花朵和生物吗？那里的天气如何？

- 公园中有一棵苍天大树，这是一棵什么树呢？它看起来是什么样的？现在是什么季节？树上面有动物吗？这棵树的树枝是什么样的？它的树根看起来是什么样的？

- 你躺在一片草地上，望着天空中的云朵，你看到了什么？听到了什么？感受到了什么？你感觉如何？你现在想做什么？

幻想之旅：美丽新世界

年　　龄：5 岁及以上
游戏人数：人数较少的小组
游戏时长：大约 20 分钟
游戏材料：1 块体操垫、毛绒靠枕若干

在这一游戏中，游戏引导员将带着孩子们一起进入一个美丽新世界。游戏引导员要先选择（或自己搭建）一个可以依偎的舒适之处，在这里大家可以不受干扰地进行幻想。游戏引导员让孩子们先闭上眼睛，然后开始叙述：

我们正在为旅行准备行囊，要在背包中装满各种重要的东西。我们需要换

洗的内衣、洗漱用品、一根牙刷、一件厚毛衣、徒步旅行鞋、围巾和帽子。装好所有东西后，就要出发前往机场了。我们要事先查好公交车几点发车，来确定我们是否能准时到达机场。机场已经是人山人海了，有提着箱子的、背着背包的、挎着小旅行包的，高矮胖瘦的、形形色色的人。他们的肤色不同，外表看起来也完全不同，但是我们不能长时间观察，因为已经有一架特别的飞机在等着我们了。这是我们的专机，飞行员已经在舷梯上欢迎我们并邀请我们参观驾驶舱。

　　游戏引导员还可以继续讲述故事，然后将故事交给孩子们：故事会怎样发展呢？在飞行的过程中会发生什么？我们将在哪里降落？美丽新世界是什么样子的？

　　当孩子们不知道该如何回答时，游戏引导员可以给予帮助，比如可以给他们一些新的关键词：你在一片神秘的大海上航行，你在一片原始森林中着陆，你会遇到神秘的人，或者你发现了一个安乐国等。

儿童瑜伽

年　　龄：4岁及以上
游戏人数：人数较少的小组以及人数较多的小组均可
游戏时长：大约10分钟
游戏材料：每个小朋友1块垫子

　　太阳操是一种非常简单的瑜伽姿势，年龄较小的小朋友也可以做。首先，游戏引导员指导小朋友们放松地躺在垫子上，然后向大家说明，请孩子们按照故事中所描述的情节用肢体模仿太阳。

　　现在游戏引导员开始讲述，并向大家演示相应的动作：

　　天色破晓，太阳缓缓升起。大家慢慢站起来，感受脚下的每寸土地。现在慢慢吸气，然后呼气。想象一下，你们就是太阳，你们的双臂就是阳光。太阳缓缓上升，越升越高。现在，将你们伸开的双臂缓缓抬高。中午了，太阳已经升到了天空中的最高处，你们的手掌也要合在一起了。太阳挂在天空中的最高处，温暖的阳光洒向四处。现在，太阳开始又慢慢地降落了。将手掌转向外侧，然后将胳膊缓缓放下。这时，你们不要着急，慢慢地深呼吸。太阳下山是一个缓慢的过程，不必着急。太阳会慢慢消失在地平线，这一过程无比美丽。在放下胳膊的过程中，请深深呼气。

石头的故事

年　　龄：适合所有年龄段的小朋友
游戏人数：人数较少的小组
游戏时长：大约 15 分钟
游戏材料：各种各样的石头

　　每个小朋友从装满各种各样石头的篮子中选出一块石头。游戏引导员请小朋友们仔细观察、嗅闻并触摸自己的石头，然后再请他们闭上眼睛思考可以如何描述自己的石头。游戏引导员可以给他们一些提示，比如：

　　你所选的石头是一块年代非常非常久远的石头，它并不是从一开始就待在这儿的。如果你仔细思考，也许会发现它曾经"生活"的地方。它是孤零零一个人在那儿生活，还是和其他石头一起呢？下面请紧紧抓住它，仔细聆听它给你讲的故事吧。它都经历过些什么？它是怎么到这儿来的？请你也给我们讲讲它的故事吧。

　　接下来，游戏引导员跟孩子们围坐成一圈，倾听孩子们天马行空地讲述石头的故事吧。

蜡烛冥思

年　　龄：适合所有年龄段的小朋友
游戏人数：人数较少的小组
游戏时长：大约 10 分钟
游戏材料：每个小朋友 1 盏配有蜡烛的烛灯、节奏轻柔的音乐

　　小朋友们盘腿围坐成一圈，每人面前摆放一支蜡烛，在轻柔缓和的背景音乐下安静地注视着烛光。游戏引导员请他们按照下面指示执行：

　　请大家盘腿坐好，将手放在膝盖上，手掌朝上。请大家观察蜡烛，在此过程中要保持绝对的安静。

　　仔细观察蜡烛的火焰，你能为火焰燃烧的样子起一个名字吗？它在静静地燃烧？还是在张牙舞爪地燃烧？它是什么颜色的？

风中的树——苏醒的花

年　　龄：适合所有年龄段的小朋友
游戏人数：人数较少的小组
游戏时长：大约 15 分钟
游戏材料：舒缓的音乐、每个小朋友 1 个垫子

　　游戏引导员播放一段舒缓的音乐，小朋友们放松地躺在垫子上听着故事：

　　●你们躺在森林边上一大片美丽的草地上。四周非常安静，你们可以想象身边都有些什么花朵。现在，慢慢站起来，闭上眼睛，想象自己是一颗树。你们先是一颗刚刚萌芽的小树苗儿，但很快你们就会长大，枝丫伸向四周。一阵微风吹过，你们随风轻轻摇摆。突然一阵狂风袭来，你们开始剧烈晃动……

　　●你们躺在一片美丽的芳草地上，想象自己是一朵开始慢慢生长的花。你们越长越高，叶片摇曳、花瓣伸展，迎着太阳伸展……

吹棉絮

年　　龄：适合所有年龄段的小朋友
游戏人数：至少 2 人
游戏时长：大约 10 分钟
游戏材料：棉絮、纸屑或羽毛、薄纸

下面这几种游戏适合帮助紧张的孩子放松情绪：

•两个小朋友面对面坐着，轮流向一跟小羽毛或一小团棉絮吹气，让其在空中飞舞；

•小朋友们趴在地上，比一比看，谁能将棉絮吹得更远；

•小朋友们平躺着，将棉絮吹向空中，并试着让棉絮尽可能长时间地停留在空中。接下来，尝试用羽毛或一张薄纸来取代棉絮，不同的材料有什么不同的表现吗？哪种材料更容易漂浮在空中？哪种则要费力一些？

在游戏的过程中，游戏引导员必须保证孩子们有足够的休息时间，这样小朋友们就不会因为呼吸困难而感到头晕。游戏结束后，请小朋友们将一只手放在肚子上，另一只手放在胸口。这样能让他们感受到心脏的跳动，并注意到自己的呼吸也变得急促。这时，游戏引导员要和他们一起宁神静气，然后慢慢地调整呼吸。

跟随音乐来涂鸦

年　　龄：适合所有年龄段的小朋友
游戏人数：人数较少的小组以及人数较多的小组均可
游戏时长：大约 30 分钟
游戏材料：手指画颜料或水彩、每个小朋友 1 张纸、轻柔的音乐

游戏引导员在每个小朋友面前摆放一张纸和 2~3 个水彩颜料盘。接下来，播放一段轻柔舒缓的音乐，然后请小朋友们用心倾听，并跟随音乐的节奏画出自己喜欢的任何事物。也许音乐会帮助小朋友们讲一个故事呢！

寻找云图

年　　龄：适合所有年龄段的小朋友
游戏人数：人数较少的小组
游戏时长：大约 15 分钟
游戏材料：毯子

　　游戏引导员可以选择一个阳光明媚的日子带着孩子们去户外观察云朵，并让他们发挥想象，尽情描述自己心中的云彩。游戏引导员可以带着毯子，然后和孩子们一起躺在草地上一起观察天上的云。孩子们也许会发现各式各样的云朵，有的像小羊，有的像大伞，还有的像大船……

　　游戏的变化形式：游戏结束后，有兴趣的小朋友还可以将看到的云图画下来。如果使用水彩，画出的云图会非常漂亮，这些图画日后也许会唤起小朋友们的美好回忆。

游戏索引

让孩子在游戏中发现自己的优势和身体极限

让孩子共同奔向目标的游戏

图书在版编目（CIP）数据

赶走愤怒的游戏/（德）施塔莫尔-勃兰特
（Stamer-Brandt，P.）著；尹倩译.—北京：中国农业
出版社，2014.12
（最受欢迎的德国幼儿游戏）
ISBN 978-7-109-19687-2

Ⅰ.①赶…　Ⅱ.①施…②尹…　Ⅲ.①游戏课－学前
教育－教学参考资料　Ⅳ.①G613.7

中国版本图书馆 CIP 数据核字（2014）第 240264 号

Published in its Original Edition with the title
Wut-weg-Spiele für Kita，Hort und Schule. Aggressionen abbauen-Entspannung
finden by Petra Stamer-Brandt and illustrated by Klaus Puth
Copyright © Verlag Herder GmbH，Freiburg im Breisgau 2011
This edition arranged by Himmer Winco
© for the Chinese edition：China Agriculture Press

Himmer Winco

本书中文简体字版由北京永固兴碚文化传媒有限公司独家授予中国农业出版社。
北京市版权局著作权合同登记号：图字 01-2014-3148 号

本书为幼儿教养辅助参考书籍，其中案例不能替代医学干预。请确保幼儿在成人的照看下完成相关
游戏。

中国农业出版社出版
（北京市朝阳区麦子店街 18 号楼）
（邮政编码 100125）
策划编辑　张　志
文字编辑　高梦琼
————————————
中国农业出版社印刷厂印刷　　新华书店北京发行所发行
2015 年 5 月第 1 版　　2015 年 5 月北京第 1 次印刷
————————————
开本：700mm×1000mm 1/16　　印张：7
字数：98 千字
定价：30.00 元
（凡本版图书出现印刷、装订错误，请向出版社发行部调换）